INDEX

作者序

我是一位土生土長的香港人，於 2010 年移民到澳洲。跟其他新移民一樣，我起初來到澳洲生活的時候，在適應當地新的環境和法規時，遇到不少困難。相比起其他西方發達國家，澳洲的政策煩瑣而複雜。各州政府各有自主權，令各地的政策和法規都不統一，而且更是説改就改。

在澳洲生活有不少資訊，那怕詢問當地的老移民，亦不一定能找到答案。而且我發現，網上的資訊很多都是報喜不報憂，或者説一半不説一半，往往花了很多時間去搜索，最後都不一定能找到正確的答案。

我在 2019 初在 Youtube 上看到一條有關分析澳洲樓市的影片，我發現影片的內容缺乏深度，未能反應當時澳洲樓市真實情況，因此我決定創立自己的 Youtube 頻道 「土澳 TV」，以一個真實／專業的手法，分享澳洲生活的資訊，包括房地產、移民政策及日常生活的省錢攻略等，希望可以讓新移民少走一些冤枉路，同時亦可以讓海外的觀眾更了解澳洲的真實情況。

跟其他 Youtube 頻道最大的分別，是「土澳 TV」 的設計是以資料庫形式，內容有系統地陳列。觀眾可以進入頻道 Playlist 內，搜索不同的資訊，包括澳洲的土地產權分類、買車如何講價、與及各種移民簽證的細節等。另外「土澳 TV」的內容在精準度及細節度方面，亦比 Youtube 上其他主題類似的影片優勝，而且題材亦比較廣泛。

我本身從事房地產開發的會計工作，身邊有多位資深的持牌移民顧問、稅務顧問和律師朋友。我亦曾在澳洲政府工作，因此對於澳洲的各項政策和法律有比較深度的了解。而且因工作關係，我有幸遊歷過澳洲大大小小的城市，因此對澳洲各地有全面的了解。這些背景對我製作影片時講求的準確性及專業性，有極大的幫助。

承蒙厚愛，我有幸接到出版社的邀請，出版有關移民澳洲的書籍。《澳洲宜居》主要取材自「土澳 TV」各集的內容，並把部分內容加以整理、補充及更新。我希望本書能幫到打算移民到澳洲生活的朋友，能盡快融入這個異鄉，建立安居樂業的家園。

朋友們加油！Welcome to Australia！

Alex H
（「土澳 **TV**」創辦人）
aussieetv@gmail.com

編者序

無可否認，香港近年已進入移民潮。據統計，2019/20 年度，申請澳洲永久居留簽證的香港人超過 7,000 人。直至 2019 年，澳洲已是連續多年最受香港人歡迎的移民地點。2020 年 9 月，澳洲政府宣布優惠港人移民政策，容許已經在澳洲的合資格香港人，讓他們原本的簽證自動延長 5 年，之後再申請永居權。新政策不但大大延長臨時簽證持有人＊的居澳時間，也為他們入籍澳洲打開方便之門。

雖然港人對澳洲不算陌生，但澳洲的移民簽證制度卻複雜得令人眼花撩亂。抵澳後居住、求職、子女的教育，以至日常生活消費，對新移民都是大大小小不同的挑戰。幸而有 Alex 這位熱心的新移民，在他的 Youtube 頻道「土澳 TV」，用輕鬆幽默的手法，透過短短十數分鐘的視頻，與觀眾分享澳洲的移民及生活資訊。由於 Alex 從事房地產開發的工作，對澳洲置業特別有心得，頻道內由最基本的土地業權、選宅、參與房產拍賣，甚至申請按揭及裝修，都分門別類詳盡解説。

本書主要取材自「土澳 TV」 各集的內容，並把部分內容加以補充及更新。全書由申請簽證、置業、求職、教育，以至日常生活消費，一步一步助你融入澳洲這個新環境，幫助你與家人在異鄉建立安居樂業的家園。

無論是什麼原因，離開熟悉的香港到異鄉開展全新生活，必定須要無比的勇氣。希望本書的實用資訊，助你早日適應澳洲的生活，讓澳洲成為你與家人真正宜居的家園。

* 新的移民政策只適用於 457/482 工作簽證及 485 畢業工作簽證等 3 種簽證。

特集
澳洲政府最新
港人移民政策

澳洲聯邦政府於 2020 年 9 月份正式通過修改移民法案，容許已經在澳洲的合資格香港人，讓他們原本的簽證自動延長 5 年。申請人必須持有有效的香港護照，護照指的是中華人民共和國香港特別行政區護照。澳洲移民部表明，不接受 BNO 英國國民 (海外) 護照。

新的移民政策只適用於 457/482 工作簽證及 485 畢業工作簽證等 3 種簽證持有人。

各種簽證申請資格

457 臨時技術工作簽證

- 在獲批 457 簽證時，申請人持有有效的香港特區護照
- 申請人的 457 簽證的有效期直到 2020 年 7 年 9 日，或之後
- 申請人滿足 457 簽證的主要條款

澳洲政府最新港人移民政策

482 臨時技術短缺工作簽證（主申請人）
- 在獲批 482 簽證時，申請人持有有效的香港特區護照
- 申請人的 482 簽證的有效期直到 2020 年 7 年 9 日，或之後
- 申請人滿足 482 簽證的主要條款

482 臨時技術短缺工作簽證（副申請人）
- 在獲批 482 簽證時，申請人持有有效的香港特區護照
- 申請人的 482 簽證的有效期直到 2020 年 7 年 9 日，或之後
- 申請人滿足 482 簽證的主要條款

485 畢業工作簽證
- 在獲批 485 簽證時，申請人持有有效的香港特區護照
- 申請人的 485 簽證的有效期直到 2020 年 7 年 9 日，或之後
- 申請人滿足 485 簽證的主要條款

澳洲總理 Scott Morrison 在一個訪問中明確表示，以上簽證的主申請人，如果未來想留在澳洲生活，取得永久居留權的話，可以透過申請澳洲現有的永久居留簽證，包括 491 偏遠地區技術移民簽證、189 獨立技術移民簽證、190 洲政府擔保技術移民簽證，以及僱主擔保技術工作簽證（永居類別）。

總理強調申請人除需要達到所申請簽證的基本要求，包括英語、專業技能及學歷外，申請人也必須通過澳洲的背景及國家安全測試（Character and Security Test），但目前澳洲移民局並沒有提供以上測試的明確指引。

第一章
移民政策

1.1 入境簽證概覽

澳洲簽證就是指非澳洲藉人士進出澳洲的證件，也是未來取得澳洲永居權及國藉的第一步。澳洲簽證種類繁多，短期臨時簽證包括旅遊簽證、探親簽證及工作假期簽證等；長期臨時簽證包括工作簽證、投資移民簽證、配偶簽證等；永久居民簽證包括獨立技術移民簽證及付費父母移民簽證等。

投資移民 / 全球人才簽證

主要針對來澳洲居住的創業人士、投資者，及全球人才，具有永久居住導向，包括：188A 商業創新投資移民簽證（Business Innovation Stream）（臨時簽證）、188B 投資管理者簽證（Investor Stream）（臨時簽證）、188C 重要投資者簽證（Significant Investor Stream）（臨時簽證）、188E 企業家簽證（Entrepreneur Stream）及全球人才簽證（Global Talent Visa）（永久居留簽證）。

技術移民簽證

主要針對來澳洲工作及居住的人士，而申請人的職業是在澳洲職業短缺名單內，具有永久居住導向，包括：491 偏遠地區技術移民簽證（Skilled Work Regional Provisional Visa）（臨時簽證）、189 獨立技術移民簽證（Skilled Independent Visa）（永久居留簽證）及 190 州政府擔保技術移民簽證（Skilled Nominated Visa）（永久居留簽證）。

父母移民簽證

主要針對合資格澳洲公民及永久居民，申請父母來澳洲居住的人士，具有永久居住導向，包括：103 排隊父母移民簽證（Parent Visa）（永久居留簽證）、143 付費父母移民簽證（Contributory Parent Visa）（永久居留簽證）、173 付費臨時父母移民簽證（Contributory Parent Temporary Visa）（臨時簽證）、804 老年排隊父母移民簽證（Aged Parent Visa）（永久居留簽證）、864 付費老年父母移民簽證（Contributory Aged Parent Visa）（永久居留），及 884（Contributory Aged Parent Temporary Visa）付費老年臨時父母移民簽證（臨時簽證）。

配偶移民簽證

主要針對合資格澳洲公民及永久居民，申請配偶來澳洲居住的人士，具有永久居住導向，包括：820 境內配偶團聚臨時簽證（Partner Temporary Visa）（臨時簽證），與及 801 境內永久團聚簽證（Partner Permanent Visa）（永久居留簽證）。

工作簽證

主要針對來澳工作及居住人士，具有永久居住導向，包括：186 僱主擔保簽證（Employer Nomination Scheme Visa）（永久居留簽證），485 畢業生臨時簽證（Temporary Graduate Visa）（臨時簽證），與及 482 臨時技術短缺簽證（Temporary Skill Shortage Visa）（臨時簽證）。

學生 / 陪讀簽證

主要針對來澳洲讀書 / 家人或配偶陪讀簽證，以學習或照顧子女為目的，包括 500 學生簽證（Student Visa）（臨時簽證），與及 590 監護人簽證（Student Guardian Visa）（臨時簽證）。

其他短期簽證

主要針對來澳洲讀短期工作及居住人士，以短期居主及國際交流為目的，包括 417 工作假期簽證（Working Holiday Visa）（臨時簽證）、408 疫情臨時簽證（Temporary Activity Visa）（臨時簽證）、403 國際交流臨時簽證（Temporary Work International Relations Visa）（臨時簽證），與及 600 訪客臨時簽證（Visitor Visa）（臨時簽證）。

臨時簽證 Vs 永久居留簽證

正如前文所述，澳洲的簽證主要分為臨時及永久居留兩大類。想成為澳洲公民，首先要把臨時簽證轉為永久居留簽證（需要滿足相關要求）。持永居簽證滿足居住條款，再成功通過公民試後，便能入籍成為澳洲公民。

1.2 投資移民 / 全球人才簽證

這類投資移民的優勢是不受年齡限制,自覺有創業能力的人,可以用低成本申請永居,資金充足的人士,可以直接投資在澳洲,申請者的配偶及子女同時亦一同可以前往。 如果你自認是商界人才,甚至可以直接取得澳洲永居,帶同家人一起前往澳洲,享受澳洲的福利。

188A 商業創新投資移民簽證
（Business Innovation Stream）（臨時簽證）

對象	為想到澳洲發展創新事業、適合營商能力強的人而設，資金要求門檻比其餘兩種投資移民低，是目前最多人申請的投資移民簽證
基本 申請資格	• 申請人的申請書 （EOI Expression of Interest） 必須獲得州政府的接納 （各州政府的申請條件都不一樣，較偏遠城市的申請要求，會比大城市容易一些） • 獲得州政府提名 • 申請人以往有成功經營生意的經驗 • 188A 有一套獨立的計分制度，申請人要達到最少 65 分以上，才有機會收到州政府發出的邀請信。各州政府會考慮申請者的年齡、英語水平、學歷、商業背景及將會在澳洲經營的生意的種類而評分 • 滿足功能英語（Functional English）水平 • 年齡低於 55 歲 （能提供傑出經濟成就者除外） • 通過健康測試 • 通過品格測試 （Character Test） • 過往沒有申請澳洲簽證被拒或簽證被吊銷的記錄
簽證年期 及權利	• 首次簽證為 4 年 3 個月，到期後可申請續簽 （每次 2 年） • 滿足申請書 （EOI Expression of Interest） 的指定條件，包括營業額、資產要求及居住要求後，最快兩年後申請永居 • 申請者可以在澳洲經營指定行業 • 配偶及 18 歲以下子女，可以一同前往澳洲居住，子女可入讀政府學校 （每個州收費不一，大部分州份是免學費） • 主申請人成功獲得永居時，配偶及 18 歲以下子女亦同時獲得永居

名額及 申請方法	• 澳州移民局為 188 類簽證於 2021 年提供的名額約 13,500 個 • 申請者可自行或透過持牌移民中介，向州政府提交申請書（EOI Expression of Interest）
費用	• 簽證申請費（主申請人） AUD$5,375 • 簽證申請費（副申請人） AUD$2,685 • 簽證申請費（18 歲以下子女每人） AUD$1,345 • 如主申請人、隨行配偶或子女未能達到雅思（IELTS） 總分 4.5 分，需要繳付語言學習費（主申請人） AUD$9,795，（隨行配偶或子女每人） AUD$4,890 • 以上費用不包括移民顧問、律師及會計費 澳洲政府每年會調整申請費
所需文件	• 申請書（EOI Expression of Interest） • 有效護照 • 如有配偶或子女隨行，需提供結婚證書及子女出生證明 • 英語測試成績單（可選擇交語言費不提供英語測試成績單） • 無犯罪記錄 • 資產證明 • 從商經驗的證明 • 投資經驗的證明 • 資金來源合法證明
注意事項	如提交的申請書內的內容與事實不符，移民局會取消簽證。如提交的文件有誤差，亦會影響申請進度

188B 投資管理者簽證 （Investor Stream） （臨時簽證）

對象	為想到澳洲投資的商業類移民而設，包括從事股票、期貨、基金及外匯等投資管理者。對於申請人的年齡相對寬鬆一些，但對於申請人的投資能力比較看重
基本 申請資格	<ul><li>申請人的申請書 （EOI Expression of Interest） 必須獲得州政府的接納 （各州政府的申請條件都不一樣，較偏遠城市的申請要求，會比大城市容易一些）</li><li>獲得州政府提名</li><li>夫妻於過去 5 年有成功經營生意或管理投資的經驗 （投資金額 AUD$150 萬以上）</li><li>過去兩年個人或公司持有淨資產 AUD$225 萬以上 （這些資產必須是合法所得，而且可以在簽證批准後的 2 年內合法轉移到澳洲）</li><li>188B 有一套獨立的計分制度，申請人要達到最少 65 分以上，才有機會收到州政府發出的邀請信。各州政府會考慮申請者的年齡，英語水平、學歷，專業背景及過往投資管理經驗</li><li>投資 AUD$150 萬購買州政府的債券 （為期 4 年）</li><li>滿足功能英語 （Functional English） 水平</li><li>年齡低於 55 歲 （能提供傑出經濟成就者除外）</li><li>願意在所申請的州份居住至少 2 年</li><li>通過健康測試</li><li>通過品格測試 （Character Test）</li><li>過往沒有申請澳洲簽證被拒或簽證被吊銷的記錄</li></ul>

簽證年期 及權利	• 首次簽證為 4 年 3 個月，到期後可申請續簽 （每次 2 年） • 滿足申請書 （EOI Expression of Interest） 的指定條件，包括營業額、資產要求及居住要求後，最快兩年後申請永居 • 申請者可以在澳洲經營指定行業 • 配偶及 18 歲以下子女，可以一同前往澳洲居住，子女可入讀政府學校 （每個州收費不一，大部分州份是免學費） • 主申請人成功獲得永居時，配偶及 18 歲以下子女亦同時獲得永居
名額及 申請方法	• 澳洲移民局為 188 類簽證於 2021 年提供的名額約 13,500 個 • 申請者可自行或透過持牌移民中介，向州政府提交申請書 （EOI Expression of Interest）
費用	• 簽證申請費 （主申請人） AUD$5,375 • 簽證申請費 （副申請人） AUD$2,685 • 簽證申請費 （18 歲以下子女每人） AUD$1,345 • 如主申請人、隨行配偶或子女未能達到雅思 （IELTS）總分 4.5 分，需要繳付語言學習費 （主申請人） AUD$9,795，（隨行配偶或子女每人） AUD$4,890 • 以上費用不包括移民顧問、律師及會計費 • 澳洲政府每年會調整申請費

澳洲宜居

所需文件	<ul><li>申請書（EOI Expression of Interest）</li><li>有效護照</li><li>如有配偶或子女隨行，需提供結婚證書及子女出生證明</li><li>英語測試成績單（可選擇交語言費不提供英語測試成績單）</li><li>無犯罪記錄</li><li>公司和個人的淨資產證明</li><li>從商經驗的證明</li><li>管理過 AUD$150 萬投資的證明</li><li>資金來源合法證明</li></ul>
注意事項	如提交的申請書內的內容與事實不符，移民局會取消簽證。如提交的文件有誤差亦會影響申請進度。澳洲移民局特別注意合法取得資產的證明，如無法提供相關證明，有可能會影響簽證的申請

188C 重要投資者簽證
（Significant Investor Stream）（臨時簽證）

對象	能於澳洲投資 AUD$500 萬以上的人士，相比起前述的兩種簽證，188C 沒有年齡限制，亦不需通過計分制度
基本 申請資格	<ul><li>申請人的申請書 （EOI Expression of Interest） 必須獲得州政府的接納 （各州政府的申請條件都不一樣 ，較偏遠城市的申請要求，會比大城市容易一些）</li><li>獲得州政府提名</li><li>在澳洲投資 AUD$500 萬以上</li><li>在政府的指定投資期滿後，仍要持續操作生意進行投資管理</li><li>所有資產必須是合法取得，而且可以轉移到澳洲進行合法投資</li><li>通過健康測試</li><li>通過品格測試 （Character Test）</li><li>過往沒有申請澳洲簽證被拒或簽證被吊銷的記錄</li></ul>
簽證年期 及權利	<ul><li>首次簽證為 4 年 3 個月，到期後可申請續簽 （每次 4 年)</li><li>滿足申請書 （EOI Expression of Interest） 的指定條件，包括居住要求後，最快 4 年後申請永居</li><li>配偶及 18 歲以下子女，可以一同前往澳洲居住，子女可入讀政府學校 （每個州收費不一，大部分州份是免學費)</li><li>主申請人成功獲得永居時，配偶及 18 歲以下子女亦同時獲得永居</li></ul>
名額及 申請方法	<ul><li>澳洲移民局為 188 類簽證於 2021 年提供的名額約 13,500 個</li><li>申請者可自行或透過持牌移民中介，向州政府提交申請書 （EOI Expression of Interest）</li></ul>

費用	• 簽證申請費 （主申請人） AUD$7,880 • 簽證申請費 （副申請人） AUD$3,940 • 簽證申請費 （18 歲以下子女） AUD$1,975 • 如隨行主申請人、配偶或子女未能達到雅思總分 4.5 分，需要繳付語言學習費 （主申請人） AUD$9,795，（配偶或子女每人） AUD$4,890 • 以上費用不包括移民顧問、律師及會計費 • 澳洲政府每年會調整申請費
所需文件	• 申請書 （EOI Expression of Interest） • 有效護照 • 如有配偶或子女隨行，需提供結婚證書及子女出生證明 • 英語測試成績單 （可選擇交語言費不提供英語測試成績單） • 無犯罪記錄 • 資產證明 • 從商經驗的證明 • 投資經驗的證明 • AUD$500 萬以上淨資產證明 • 資金來源合法證明
注意事項	如提交的申請書內的內容與事實不符，移民局會取消簽證。如提交的文件有誤差，亦會影響申請進度。澳洲移民局特別注意合法取得資產的證明，如無法提供相關證明，有可能會影響簽證的申請

GTS 全球人才簽證 （Global Talent Visa）（永居簽證）

對象	針對全球商界人才，尖端領域的精英，是目前澳洲政府重點想吸納的人才，亦是目前申請時間最快的移民簽證，無年齡限制，無英語要求，毋須計分，不受職業清單限制
基本 申請資格	申請人須在以下 7 個領域獲得認可的技術及突出的成就： • 農業科技 AgTech • 太空與高端制造業 Space and Advanced Manufacturing • 金融科技 FinTech • 能源及礦產科技 Energy and Mining Technology • 醫療科技 MedTech • 網絡安全 Cyber Security • 量子信息、高端數碼、數據科學及信息通訊技術 Quantum Information，Advanced Digital，Data Science and ICT 除此之外，申請人需要證明自己的技術： • 獲得國際認可或優異成就 • 獲得一位有影響力的澳洲公民同行的提名，或認可機構的提名 • 獲得國際獎狀及專利 • 證明申請人會為澳洲作出巨大貢獻 • 申請人的稅前年薪要在 AUD\$153,600 以上
簽證年期 及權利	• 申請人，配偶及子女可以即時取得澳洲永居 • 享受澳洲的福利，包括免費公立教育，澳洲全民醫療 （Medicare） 及各項房屋優惠政策

澳洲宜居

名額及 申請方法	• 2021 年的名額約 15,000 個 • 申請者可自行或透過持牌移民中介，向澳洲移民局提交申請書（EOI Expression of Interest） • 持有香港特別行政區護照的申請者，可獲優先處理（聯絡電郵：GlobalTalentHK@homeaffairs.gov.au）
費用	簽證申請費（主申請人）　AUD$4,110 簽證申請費（副申請人 18 歲以上）　AUD$2,055 簽證申請費（副申請人 18 歲以下）　AUD$1,030
所需文件	• 申請書（EOI Expression of Interest） • 有效護照 • 如有配偶或子女隨行，需提供結婚證書及子女出生證明 • 無犯罪記錄 • 國際認可證書 • 由政府 / 專業機構 / 文化 / 體育機構提供專業證明 • 一位有影響力的澳洲公民同行的提名，或認可機構的提名
注意事項	這類簽證的難度會比較高

1.3 技術移民

491 偏遠地區技術移民簽證
（Skilled Work Regional Provisional Visa）（臨時簽證）

對象	針對開發 3 大城市 （悉尼、墨爾本、布里斯本） 以外城市所需要的技術移民，開發偏遠地區是未來澳洲政府重點的發展方向，491 簽證亦是目前名額最多、最多人申請的技術移民簽證，優點是申請門檻要比獨立技術移民低

基本 申請資格	• 申請人的申請書 （EOI Expression of Interest） 必須獲得州政府的接納 • 在獲得邀請時申請人的年齡在 45 歲以下 • EOI 分數在 65 分以上 • 雅思（IELTS）總分 6 分以上 （即四部分各需得分 6 以上） • 主申請人必須通過所申請職業的職業評估 • 主申請人必須獲得所申請州份的州政府擔保，或者獲得在所申請州份居住的親戚擔保 （州政府會審查親戚的擔保資格） • 通過健康測試 • 通過品格測試 （Character Test） • 過往沒有申請澳洲簽證被拒或簽證被吊銷的記錄
簽證年期 及權利	• 簽證期為 5 年，容許申請人在所申請州份居住及工作 • 在滿足所有要求後，最快 3 年後可申請澳洲永居 • 配偶及子女可以一同前往澳洲居住，子女可入讀政府學校 （每個州收費不一，大部分州份是免學費） • 主申請人獲得澳洲永居時，配偶及子女亦可同時獲得永居 • 主申請人、配偶及子女可享受澳洲全民醫療 （Medicare）
名額及 申請方法	• 2021 年的名額約 22,400 個 • 申請者可自行或透過持牌移民中介，向州政府提交申請書 （EOI Expression of Interest）

費用	• 簽證申請費 （主申請人） AUD$4,045 • 簽證申請費 （主申請人配偶） AUD$2,025 • 簽證申請費 （主申請人 18 歲以下子女） AUD$1,010 • 簽證申請費 （主申請人 18 歲以上子女） AUD$2,025 • 如隨行配偶或子女未能達到雅思總分 4.5 分，需要繳付語言學習費 （每人） AUD$4,890 • 未包括職業評估、英語考試及身體檢測等費用
所需文件	• 申請書 （EOI Expression of Interest） • 有效護照 • 如有配偶或子女隨行，需提供結婚證書及子女出生證明 • 英語測試成績單 • 職業評估報告 • 無犯罪記錄 • 銀行存款證明 （證明申請人有足夠資金應付澳洲的生活開支，視乎州份及申請人數，由一萬到幾萬澳元）
注意事項	• 這是一個鬥高分的遊戲，每個州份的申請條件都不一樣；較偏遠城市的申請要求，會比大城市容易一些，亦要視乎所申請的職業；每個州份都有各自的短缺職業名單，每種職業的名額，要求都不一樣 • 申請人不得申請其他永居簽證，包括配偶及僱主擔保簽證

189 獨立技術移民簽證
（Skilled Independent Visa）（永居簽證）

對象	針對英語水平較高、工作經驗豐富、澳洲較短缺的高學歷技術移民，優點是申請者可直接取得永居，沒有任何附加限制
基本 申請資格	• 申請人的申請書 （EOI Expression of Interest） 必須獲得接納 • 在獲得邀請時申請人的年齡在 45 歲以下 • EOI 分數在 65 分以上 • 雅思 （IELTS） 總分 6 分以上 （即四部分各需得分 6 以上） • 申請人必須通過所申請職業的職業評估 • 通過健康測試 • 通過品格測試 （Character Test） • 過往沒有申請澳洲簽證被拒或簽證被吊銷的記錄
簽證年期 及權利	• 申請人、配偶及子女可以即時取得澳洲永居 • 享受澳洲的福利，包括免費公立教育，澳洲全民醫療 （Medicare） 及各項房屋優惠政策
名額及 申請方法	• 2021 年的名額約 6,500 個 • 申請者可自行或透過持牌移民中介，向州政府提交申請書 （EOI Expression of Interest）

移民政策

費用	<ul><li>簽證申請費 （主申請人） AUD$4,045</li><li>簽證申請費 （18 歲以下副申請人） AUD$1,015</li><li>簽證申請費 （18 歲以上副申請人） AUD$2,020</li><li>如隨行配偶或子女未能達到雅思總分 4.5 分，需要繳付語言學習費 （每人） AUD$4,885</li><li>未包括職業評估、英語考試及身體檢測等費用</li></ul>
所需文件	<ul><li>申請書 （EOI Expression of Interest）</li><li>有效護照</li><li>如有配偶或子女隨行，需提供結婚證書及子女出生證明</li><li>英語測試成績單</li><li>職業評估報告</li><li>無犯罪記錄</li></ul>
注意事項	申請者會面對來自全球的競爭，視乎職業而定，但普遍要求的移民分比較高，65 分只是最基本要求，對於英語 / 工作經驗要求比較高

1.4 父母移民

103 排隊父母移民簽證 （Parent Visa）（永居簽證）

對象	針對已取得澳洲永居的子女，申請父母來澳洲居住，優點是費用少，取得永居後 2 年就可以享受澳洲所有福利
基本 申請資格	<ul><li>申請人子女是澳洲永居 / 澳洲公民 / 新西蘭公民</li><li>通過家庭平均測試 （即多於一半子女取得澳洲永居資格）</li><li>獲得合資格擔保人的擔保</li><li>通過健康測試</li><li>通過品格測試 （Character Test）</li><li>過往沒有申請澳洲簽證被拒或簽證被吊銷的記錄</li></ul>

簽證年期 及權利	• 申請人即時取得澳洲永居 • 享受澳洲的福利,包括澳洲全民醫療 (Medicare) 及各項房屋優惠政策 • 在澳洲居住滿 2 年後享受澳洲老人福利

名額及
申請方法
	• 2021 年所有父母移民簽證名額約 4,500 個,估計排
	  隊父母移民簽證約 1,000 個
	• 申請者可自行或透過持牌移民中介,向移民局申請
	  (由於手續比較簡單,建議自行申請)

費用	簽證申請費 (每人) AUD$6,415
所需文件	• 有效護照 • 結婚證書 • 合資格人士提供的擔保文件 • 通過家庭平均測試的證明 • 健康報告
注意事項	由於名額有限,而申請人數眾多,目前的排隊等候時 間長達 30 年以上

澳洲宜居

143 付費父母移民簽證
（Contributory Parent Visa）（永居簽證）

對象	針對已取得澳洲永居的子女，申請父母來澳洲居住，優點是排隊時間要比 103 排隊父母移民簽證短不少
基本 申請資格	• 申請人子女是澳洲永居 / 澳洲公民 / 新西蘭公民 • 通過家庭平均測試　（即多於一半子女取得澳洲永居資格） • 獲得合資格擔保人的擔保 • 通過健康測試 • 通過品格測試（Character Test） • 過往沒有申請澳洲簽證被拒或簽證被吊銷的記錄
簽證年期 及權利	• 申請人即時取得澳洲永居 • 享受澳洲的福利，包括澳洲全民醫療　（Medicare）及各項房屋優惠政策 • 在澳洲居住滿 10 年後享受澳洲老人福利
名額及 申請方法	• 2021 年所有父母移民簽證名額約 4,500 個，估計付費父母移民簽證約 3,500 個 • 申請者可自行或透過持牌移民中介，向移民局申請（由於手續比較簡單，一般自行申請）

費用	第一部分費用＊（主申請人） AUD$4,155 （主申請人配偶） AUD$1,400 第二部分費用＊（主申請人） AUD$43,600 （主申請人配偶） AUD$43,600 另外需存放保證金在指定銀行 （為期 10 年） （主申請人） AUD$10,000 （主請人配偶） AUD$4,000
所需文件	<ul><li>有效護照</li><li>結婚證書</li><li>合資格人士提供的擔保文件</li><li>通過家庭平均測試的證明</li><li>健康報告</li></ul>
注意事項	由於申請人數愈來愈多，付費父母移民簽證的等候時間亦愈來愈長，而且父母來澳 10 年內不能領取澳洲養老金

＊付費父母移民簽證費用是分兩期支付

澳洲宜居

1.5 配偶移民

820/801 配偶移民簽證 (臨時簽證)

對象	針對澳洲公民跟非澳洲公民結婚或同居後，申請配偶來澳洲居住的人士，優點是名額多 (是目前名額最多的簽證) ，申請費用便宜，不受年齡限制，是最直接最簡單移民澳洲的方法
基本 申請資格	已婚人士 / 同居人士 • 其中一方為澳洲永居 / 澳洲公民或新西蘭公民 • 雙方是真實而長久的夫妻關係 (已婚人士) • 擁有澳洲承認的結婚證書 (已婚人士) • 雙方同居至少 12 個月以上 (同居人士) • 相方承諾會共同生活在一起 • 相方年齡在 18 歲以上 • 通過健康測試 • 通過品格測試 (Character Test) • 過往沒有申請澳洲簽證被拒或簽證被吊銷的記錄

簽證年期及權利	• 在獲批永居之前，容許在澳洲居住及工作 • 享受澳洲全民醫療 （Medicare） 及免費英語課程
名額及申請方法	• 2021 年的名額約 72,300 個 • 申請者可自行或透過持牌移民中介，向移民局申請（由於手續比較簡單，建議自行申請）
費用	簽證申請費 （主申請人） AUD$7,715
所需文件	• 有效護照 • 結婚證書 • 無犯罪記錄 • 雙方關係證明
注意事項	這是屬於臨時簽證，在通過移民局的審核後，才能獲取永居，審核期視乎提交資料的準確性，以及申請人的婚姻狀況

1.6 工作簽證

186 僱主擔保簽證
（Employer Nomination Scheme Visa）（永居簽證）

對象	針對澳洲短缺的技術工種
基本 申請資格	• 獲得經認可的澳洲僱主提名 • 年齡 45 歲以下 • 通過職業評估 • 至少 3 年以上的工作經驗 • 雅思（IELTS）總分 6 分以上 （即四部分各需得分 6 以上） • 申請職業必須在短缺清單內 • 申請人必須持有所屬職業的專業資格 • 提供至少兩年期的全職合同 • 稅前年薪 AUD$53,900 以上 • 申請人的工作必須是在當地勞動市場短缺的工作

簽證年期及權利	• 申請人、配偶及子女可以即時取得澳洲永居 • 享受澳洲的福利，包括免費公立教育、澳洲全民醫療 （Medicare） 及各項房屋優惠政策
名額及申請方法	• 2021 年所有僱主擔保簽證名額約 22,000 個 • 申請者可自行或透過持牌移民中介向移民局申請
費用	• 簽證申請費 （主申請人） AUD\$4,045 • 簽證申請費 （主申請人配偶） AUD\$2,025 • 簽證申請費 （主申請人 18 歲以下子女） AUD\$1,010 • 如隨行配偶或子女未能達到雅思總分 4.5 分，需要繳付語言學習費 （每人） AUD\$4,890 • 未包括職業評估、英語考試及身體檢測等費用
所需文件	• 有效護照 • 如有配偶或子女隨行，需提供結婚證書及子女出生證明 • 英語測試成績單 • 無犯罪記錄 • 職業評估報告 • 工作合同
注意事項	申請人必須受僱主於認可的澳洲公司，而申請職業必須是當地勞動市場短缺的工作

澳洲宜居

1.7 畢業工作簽證

485 畢業生臨時簽證
（Temporary Graduate Visa）（臨時簽證）

對象	針對高學歷想留在澳洲居住的海外留學生，持香港特區護照可享受有港人特殊政策優惠
基本申請資格	• 年齡 50 歲以下 • 持有，有效學生簽證 • 雅思（IELTS）總分 6 分 • 申請人必須在完成認可學歷後的 6 個月內提出申請 • 申請人必須要滿足澳洲學習要求 Australian Study Requirement • 報讀的課程必須要是 CRICOS 註冊的課程 • 申請人是第一次申請畢業生臨時簽證 • 通過健康測試 • 通過品格測試（Character Test） • 過往沒有申請澳洲簽證被拒或簽證被吊銷的記錄

簽證年期 及權利	• 簽證期為 18 個月 • 持有香港特別行政區護照人士，原本的簽證期自動 延長 5 年（可在 5 年後申請澳洲永居） • 可在澳洲居住及工作
名額及 申請方法	• 沒有指定名額 • 申請者可自行或透過持牌移民中介，向移民局申請 （由於手續比較簡單，建議自行申請）
費用	簽證申請費 （主申請人） AUD$1,650
所需文件	• 有效護照 • 如有配偶或子女隨行，需提供結婚證書及子女出生 證明 • 學校成績單 / 畢業證書 • 英語測試成績單 • 無犯罪記錄
注意事項	港人簽證政策只接受持有香港特區護照人士，不接受 BNO 申請，以往已取得 485 簽證就不能再次申請

1.8 學生簽證

500/590 學生 / 陪讀簽證
（Student Guardian Visa）（臨時簽證）

對象	針對來澳洲留學 / 及陪同子女、伴侶留學人士
基本 申請資格	• 年齡在 6 歲以上 • 被澳洲認可學校錄取入讀澳洲課程 • 通過健康測試 • 通過品格測試（Character Test） • 過往沒有申請澳洲簽證被拒或簽證被吊銷的記錄 • 有足夠資金應付澳洲的生活
簽證年期 及權利	• 視乎報讀課程而定，最長簽證期為 5 年 • 容許每星期工作最多 20 小時
名額及 申請方法	• 沒有指定名額 • 申請者可自行或透過持牌移民中介向移民局申請
費用	簽證申請費（主申請人）AUD$620
所需文件	• 有效護照 • 錄取證明（Confirmation of Enrolment） • 健康保險

1.9 其他短期簽證

417 工作假期簽證（Working Holiday Visa）（臨時簽證）

對象	針對想去澳洲旅遊一段長時間，體驗澳洲生活的人士
基本 申請資格	• 申請人必須是以下國家公民及持有有效護照，包括比利時，加拿大，塞浦路斯，丹麥，愛沙尼亞，芬蘭，法國，德國，香港，愛爾蘭，意大利，日本，南韓，馬耳他，荷蘭，挪威，瑞典，台灣，英國 • 年齡在 18 至 30 歲之間 • 有足夠資金應付澳洲的生活 • 通過健康測試 • 通過品格測試（Character Test） • 過往沒有申請澳洲簽證被拒或簽證被吊銷的記錄
簽證年期 及權利	• 簽證為 12 個月 • 容許在澳洲居住及工作
名額及 申請方法	• 沒有指定名額 • 申請者可自行在網上申請
費用	簽證申請費　AUD$485
所需文件	• 有效護照 • AUD$5,000 以上證明

600 訪客臨時簽證 Visitor Visa（臨時簽證）

對象	針對想來澳洲探親人士
基本 申請資格	獲得澳洲親人提供的擔保或澳洲政府的擔保
簽證年期 及權利	最長簽證期為 12 個月
名額及 申請方法	• 沒有指定名額 • 申請者可自行在網上申請
費用	簽證申請費　AUD$145
所需文件	• 有效護照 • 前往澳洲目的是訪客的證明 • 銀行賬單證明有足夠現金應付澳洲生活 • 由親友發出的邀請書
注意事項	• 申請人必須通過品格測試（ Character Test）

第二章
澳洲置業

2.1 澳洲房地產業權分類

澳洲的業權種類繁多，住宅物業的土地業權主要分為租賃權
（Leasehold） 及永久業權（Freehold）。首都坎培拉的土地業權屬於租
賃權，一般的租賃期是 99 年，如果土地租賃期將過期，根據目前的法
律，業主只要支付一筆象徵性的行政費，就可以續簽 99 年（目前行政
費約幾百澳元）。除坎培拉以外的州份，包括澳洲 3 大城市，悉尼、墨
爾本及布里斯本，房屋的土地業權是屬於永久性業權。

由於租賃權是屬於租賃性質，因此在補償基制上會比較被動。澳州政府
有權不續簽，把土地收回來作公共用途，例如興建醫院。

住宅物業的地土使用權比較複雜，主要包括有分層式地契 （Strata
Title），托倫斯／自由業權（Torrens/ The Freehold Title），受保護的
文物房屋 （Heritage House） 及盟約 （Covenant）。

分層式地契 （**Strata Title**）

主要集中於公寓（Apartment），雙層聯排別墅 （Townhouse），單層聯排別墅（Unit/Villa）。分層式地契的性質跟香港差不多，是在一塊較大的土地上，分成多個獨立的小業權。公用設施包括升降機、游泳池，以及所有公用空間的業權，是由所有小業主共同擁有。根據澳洲法律規定，這類物業需要成立業主立案法團，物業亦需要交由合資格的管理公司管理。所有業主需要共同承擔維修保養費用，及需要交管理費。

分層式地契另一種特性是，業主雖然擁有土地的業權，但沒有土地所有的使用權。以單層聯排別墅 （Unit/Villa） 為例，這類房屋看上去雖然跟 House 獨立屋差不多，但由於土地使用權受到限制，業主不可以隨意地對自己房子進行改造，室內裝修還可以，但大型的改造甚至重建是不容許的！

如果未經批准，私下增建是屬於非法行為，一旦被舉報或被地方議會（Council）發現，業主需要還原，甚至會被罰款。

托倫斯 / 自由業權（Torrens/ The Freehold Title）

主要集中於獨立屋 House，是澳洲最受歡迎及最保值的業權。業主不但
擁有土地的擁有權，而且不用成立業主立案法團。因此不需要交管理
費，在土地使用權上亦不受限制。只要取得地方議會的批准，便可對樓
房作任何工程。

業主可以對自己的房屋進行的改造，包括增建房間，增建游泳池，增建
車庫，甚至把房屋拆卸重建，由原來的一層變成兩層，增加居住面積。
如果土地面積足夠大的話，可以興建兩套甚至三套房屋。

受保護的文物房屋 （Heritage House）

指的是擁有歷史文化價值，被州政府列入為受保護清單內的房屋，一般
集中於傳統豪宅區。該類房屋的土地業權雖然屬托倫斯 / 自由業權，
但房屋本身是受到法例規管，這類房屋在澳洲稱為受保護的文物房屋
（Heritage House）。在各州份的官方網站，可以查詢到房屋是否被列
入在清單內。

維多利亞州的官方網站 www.heritagecouncil.vic.gov.au
新南威爾士州的官方網站 www.environment.nsw.gov.au

澳州政府非常注重歷史文物保護,別說把房屋推倒重建,甚至連室內裝修都要向地方議會申請批准。政府會要求業主維持房屋原來的外觀。為了達到政府的要求,甚至連裝修費亦會比較貴一些,因為要找有這方面經驗的裝修師傅進行。部分裝修要求會比較複雜,而且在完工時,政府會派員對裝修進行驗收。

未經批准對房屋擅自進行重建,政府會要求業主恢復原貌,對業主罰款,甚至有可能會被判入獄。

部分 Heritage House 位於極佳的地段,而且價格會比同區房屋便宜一些,但當然代價是維修麻煩,而且未來出售時,找人接盤時亦會比較困難,所以只適合熱衷古蹟的人士。

盟約 (Covenant)

這是比較冷門而且比較複雜的業權。盟約會再細分為物業盟約以及土地盟約,簡單來說就是在房屋或土地上加上額外的限制條款,例如限制房屋只能使用紅磚興建,又或者限制土地只能興建一套房屋,就算有足夠大的土地面積,亦不容許興建多套房屋。

要知道房屋 / 土地是否有限制條款,可以查看買賣合同內的土地業權(Land Certificate of Title)。根據澳洲法律規定,賣方必須在買賣合同內注明這些限制條款。剛來澳洲不熟悉的朋友,筆者建議找經驗豐富的朋友,或者找房地產律師查詢,幫忙把關。

2.2 澳洲房屋類型介紹

澳洲房屋大致分為，House，Townhouse 及 Apartment。

House 獨立屋

獨立屋的優勢是佔地面積較大，土地業權一般是屬於托倫斯／自由業權（Torrens／ The Freehold Title），但亦有例外。土地業權會比較保值，舊屋一般是單層，新屋一般是兩層，建築材料會細分為雙磚、單磚及木板，視乎區段而定，豪宅區的建築質量會比普通區好一些。部分設有游泳池、地下車庫，甚至網球場。獨立屋由於佔地面積較大，因此升值潛力亦比較高，但需要維修保養的事項亦比較多，特別是舊屋，更有花園需要打理。

獨立屋由於是獨立業權，因此不需要交物業管理費，樓價相對比較高，但租金回報相對比較低，適合資金比較充足，需要有更大居住空間、隱私及想有更好的升值潛力的自住型買家。

Townhouse 連排獨立屋

Townhouse 是近年澳洲最流行的房屋類型，佔地雖然會比獨立屋少，而且土地業權一般屬於分層式地契 （Strata Title），但由於入場價會比獨立屋便宜，而且相比起 Apartment，Townhouse 可擁有更好的隱私、更大的居住空間及更多的土地。

Townhouse 有多種房型，主要分為單邊相連的半獨立屋 Semi-detached 及獨立屋 Detached，一般是兩層高，但部分人口比較密集的區已發展到三層高。

Townhouse 建築材料視乎開發商的定位而定，會再分為經濟型、中級路線，及豪華路線。

物業管理費方面，根據目前的法律，在同一塊地建兩套 Townhouse，是不需要設立業主立案法團，因此不需要交管理費。物業共同擁有部分，包括車道及圍欄，由所有業主共同承擔。

在同一塊地上建兩套以上的 Townhouse，需要交由物業管理公司負責及繳交管理費。絕大部分物業不設保安，管理費一般會包括物業建築保險（Building Insurance），所有業主需要共同承擔公用設施的維護費，但整體管理費仍比公寓便宜，可以用比較低的價格入住豪宅區。Townhouse 適合預算比較少，但又想居住在優質區，需要有比較大的居住空間、隱私，及擁有一定程度升值潛力的自住及投資型買家。

Apartment 多層公寓

舊式公寓。

Apartment 可以再細分為舊公寓及新公寓，舊公寓一般在四層內，不設升降機、游泳池及健身室等設施。舊公寓集中在較優質的地段，通常會包括至少一個平面停車位，樓齡在 40 年以上的單位。部分舊公寓需要進行大型維修保養，但整體物業管理費仍然較新公寓便宜。舊公寓的設計老舊，隔音亦比較差，但室內空間會比新公寓大。

舊公寓的樓價相對比較低，租金亦相對比較穩定，原因是好區的租賃需求較大，但因為盤源供不應求，所以樓價相對比較穩定。加上舊公寓的佔地比新公寓多，因此升值潛力會比新公寓優勝。所以舊公寓在租金回報及升值潛力上，都勝過新公寓。適合預算有限，但又想入住好區，同時又想達到一定升值潛力的自住或投資型買家。

新公寓一般樓高五至十層不等，視乎地區而定，傳統住宅區的可建樓層會相對比較少，相反商業區的可建樓層會比較多。新公寓可以再分為投資類、經濟自住型、中級及豪宅公寓。新公寓的設施包括游泳池及健身室，因此物業管理費會較高。新公寓一般會包括停車位，車位可以再細分平面停車位及機械式停車位。

新公寓的樓價會比舊公寓高，租金亦相對比較高，但新公寓因佔地量比舊公寓少而供應較多的關係，因此的升值潛力相對較低。新公寓適合預算比較低的自住及投資型買家。

2.3 澳洲租樓要多少錢

在澳洲租樓可以由幾百到過萬澳元不等。根據 Domain.com.au 房地產網站在 2019 年的數據 *，以下是澳洲 3 大城市於 2019 年的平均租金：

- 悉尼的租金是全澳洲之冠，House 平均租金約每月 AUD$2,275，單位平均租金約每月 AUD$2,210；
- 墨爾本排在悉尼之後，House 平均租金約每月 AUD$1,863，單位平均租金約每月 AUD$1,820；
- 布里斯本 House 平均租金約每月 AUD$1,776，單位平均租金約每月 AUD$1,668。

由於受到疫情的影響，澳洲 2020 年整體租金比 2019 下降了 2% - 3%，視乎澳洲經濟復甦的進度而定，2021 年整體租金有可能會回升，特別是好區及優質公立校區的房屋。

以悉尼及墨爾本兩大城市為例，豪宅區的租金會比偏遠地區貴兩倍，優質公立校區會比非校區貴 20%，新裝修會比舊裝修貴 30%，豪華 House 會比普通 House 貴 1 倍。

備註：
*2020 年由於受到疫情影響，因此租金數據不能反應正常情況。

2.4 房地產租售平台分享

澳洲出租房屋資訊可以在大型房地產網站、華人網站、華人報紙及大型社交平台上尋找。

澳洲大型房地產網站

大型房地產網站 realestate.com.au 及 Domain.com.au 主要針對整租房屋，包括 House、Townhouse 及 Apartment，選擇類別多，是澳洲最大的房屋出租平台。用戶可以輸入 Postcode 或地區名，就可以找到當區或附近地區出租的房間。你也可以加入更多搜索條件包括房屋類型、房間數目及租金等。

出租房會由地產中介負責管理，租客需要簽署正規租賃合同，然後支付押金。押金一般是四周或者一個月的租金，存放在政府指定的租房押金

戶口內。租賃期通常是一年，整租房屋一般都不包括家具電器。慣常情況下，物業相關費用包括管理費、議會費（Council rate）、地稅 （Land tax）、水費固定部分（供應服務費和排污費），與及公寓維護費，都由業主負責支付。

在澳洲，租客的保障會多一些，例如在發生疫情期間，政府下令要求業主不得隨意叫租客搬走，甚至不得隨便加租。業主也必須在合理的時間內，負責維修房屋內的設施。

但承租前，業主亦會對租客作較詳細的背景審查，包括要求提供入息證明，以及過往的租房信用報告等。

realestate.com.au

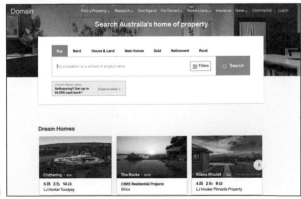

Domain.com.au

Facebook/Wechat/Gumtree 搵盤

部分香港人 / 華人 / 澳洲業主，會透過社交平台出租自己的房屋。這些平台在區域或租盤選擇上不多，一般以分租房間為主，但亦有不少整租盤。分租房間一般會包家俬及電器，整租房屋則會分為包及不包家俬電器兩類。以上平台租金會比房地產網站低，租賃期比較有彈性，由一星期到一年不等，大部分是沒有正規合同。

費用方面，華人出租房屋通常是包水電網費，但亦有例外，因此在租房時必須問清楚。澳洲業主一般都是不包水電網費，費用由租客平均分擔。

你可能會找到比市價低一些的價錢，及對租客要求比較低一些的盤源。但在缺乏正規租賃合同保障下，特別是承租給你的僅是二房東時，便會有一定的風險。因為大部分的租賃合同會帶有不能分包出租的條款，因此在選擇時必須考慮清楚。

根據筆者的經驗，以下幾種房屋在租金議價上的空間會比較大：
* 狀況比較舊，裝修比較破的房屋
* 不包家俬 / 電器的房屋
* 有大量新樓盤落成的區域

如果有車的話，選擇離火車站遠一些的房屋，在議價空間上也會大一些。在跟房東議價時，可以嘗試簽一份年期較長的合同，或者以預先支付一年租金，來換取房東在租金上的減免。

2.5 澳洲樓市巡禮： 悉尼、墨爾本、布里斯本

澳洲的樓價差距可以很大，澳洲兩大城市悉尼及墨爾本的樓價，會比其他城市貴不少，特別是悉尼的樓價貴絕澳洲，全澳 10 大豪宅區排名中，悉尼長期佔了 9 個。

澳洲宜居

悉尼樓市

悉尼最貴的地段，集中在離市中心附近的東區，東區亦是全澳洲最貴的地段。在悉尼的地位，相當於香港太平山。東區也是悉尼最古老的豪宅區，舊公寓的入場費由 AUD$100 萬起，House 的價格由幾百萬到幾千萬澳元不等。

悉尼主要的華人區包括西北區的 Epping 及 Eastwood，內西區的 Burwood 及 Ashfield，南區的 Hurstville 及北區的 Chatswood。悉尼的華人區是澳洲歷史最悠久，密度最高，華人人口亦是全澳洲最多。北區雖然不及東區貴，但也屬於悉尼的豪宅區，整體收入、治安亦是比較好。區內也有不少優質的私校。

華人區的特色是生活配套方便，華人店舖多而集中，華人比較注重學習，因此區內的公校成績亦比其他地方都好。

墨爾本樓市

墨爾本有分東南區，西區以及北區，墨爾本最貴的區，基本上都集中在東南區，其中 Toorak 是墨爾本唯一能夠打進全澳洲前 10 名的豪宅區。墨爾本其他豪宅區包括 Malvern、Hawthorn 及 Camberwell，這幾個區也是墨爾本最早及最古老的住宅區，區內 House 價格由 AUD$200 萬到過千萬不等。區內也有不少舊公寓，價格由 AUD$40 萬起，新公寓普遍走低密度及豪華路線；兩房價格由 AUD$70 萬起，這幾個區因有不少富豪居住，樓價亦比較保值。

此外，這些區分近年亦受到不少專業人士喜愛，他們的工資較高，可負擔較高租金。由於區內可供發展的地方有限，加上地方議會有建築高度限制，所以租盤及放盤的數量都非常稀少，非常受投資者歡迎。

墨爾本的主要華人區包括 Box Hill、Glen Waverley、Doncaster、Clayton及 Ringwood。

澳洲宜居

Box Hill 是墨爾本最大的華人區，Doncaster 是最多香港人區住的社區，華人區的生活配套方便，公立學校的成績上亦較好，其中比較出名的公立學校包括 Balwyn High、Glen Waverley High 及 Box Hill High 等。

樓價方面，華人區的樓價雖然沒有豪宅區那麼貴，但也不便宜，其中以 Box Hill、Glen Waverley 及 Doncaster 的樓價會比較貴一些；Balwyn 雖屬於豪宅區之一，但華人區整體租金回報上，卻比其他區差一些，原因是華人一般喜歡買樓而不租樓，因此把當地的樓價推高，但華人區離市中心較遠，較難吸引到願付高昂租金的租客。所以華人區的房價較高，但在抗跌能力上卻沒有豪宅區那麼強，特別是公寓單位。

墨爾本的西區整體的房價要比東南區便宜不少，而北區的樓價就介乎於東南及西區的之間，由於東南區的房價比較貴，西區近年樓價亦被帶動上調，其中包括 Altona 及 Point Cook。北區近年升幅比較快的地區包括有 Preston 及 Coburg。

布里斯本樓市

布里斯本整個城市被布里斯本河分開兩段，豪宅區主要集中在布里斯本河的上方位置，包括 New Farm、Teneriffe、Ascot 及 Hamilton 這幾個區，亦是最早發展的住宅區，而早期的居民都是以意大利人為主。

布里斯本的豪宅區整體價格比悉尼便宜不少，區內的房屋亦受到高收入的專業人士的喜愛，因此整體居民的素質也較高。

布里斯本北區的人口以澳洲本地人為主，亞洲人比較集中在南區，北區跟南區各有千秋，因此 Costco 在南北區各設一間分店。北區的大型購物中心比較多一些，距離機場更近。但北區的公共交通服務就沒有南區那麼方便，尤其是在巴士服務上。而且北區的道路建設亦及不上南區，如 Gympie Road 在上下班時段的交通阻塞問題，就愈來愈嚴重。不過北區整體的治安，還是比南區好一些。

北區比較出名的幾個區包括有 Paddington、Windsor 及 Red Hill。

位於布里斯本河下方南面的 Sunnybank，是布里斯本最大的老牌華人區，生活配套完善，區內的華人超市、菜市場（街市）、中餐廳及華人店舖，數量多而且比較集中，跟其他老牌華人區一樣，區內的公立以及私立學校亦不錯，因為華人普遍都比較重視教育。

離 Sunnybank 不遠的 Upper Mount Gravatt，亦是一個樓價性價比不錯的華人區——整體的樓價比 Sunnybank 便宜，往 Sunnybank 鄰近的 Westfield Garden City 大型購物中心，亦只需 5 分鐘車程。

由於布里斯本整體的人口及收入都不如悉尼這種大城市，所以該地房價漲幅很慢，特別是公寓單位。在布里斯本公寓單位供應多需求少，而且布里斯本的土地供應量大，所以公寓單位不算受歡迎。

購買當地的 House and Land Package 亦要注意，特別是西區，因該區離市中心比較遠，升值潛力較低。由於布里斯本的人口增長遠不如悉尼及墨爾本，未來如果移民政策改變，布里斯本的人口增長速度會更慢，市場需求就會持續下降。

澳洲 7 大城市 House 平均樓價

悉尼	墨爾本	布里斯本	坎培拉	珀斯	阿德雷德	黃金海岸
1,309,000	974,000	633,000	928,000	579,000	600,000	750,000

貨幣：AUD$ / 統計日期：2021 年 Q1
資料來源：Domain House Price Report

2.6 澳洲買樓流程

STEP01：釐清購買資格

為了保障澳洲居民，海外身份人士是不容許購買澳洲二手樓，只容許購買樓花。惟擁有澳洲永居權、澳洲公民及新西蘭公民，在澳洲購買住宅才不受此限制。

但澳州政府近年卻容許持有 12 個月以上臨時簽證的人士，購買一套自住房居住，包括連地的二手樓。此類簽證包括 188 投資移民簽證、偏遠地區技術移民簽證、485 畢業生臨時簽證及學生簽證等。以上簽證持有人，只要取得 FIRB（Foreign Investment Review Board）的批准證明，便能購買一套二手樓作為自住之用。

澳洲宜居

STEP02：銀行按揭預先批核 Pre-Approval

自住買家一般需要支付兩成首期，合資格的首次置業買家，可向澳洲政府申請銀行貸款擔保，首期可以低至 5%，因此，在澳洲上車買樓不是一件難事。筆者建議在正式購房前，先找幾家銀行申請銀行貸款預先批准 Pre-Approval，簽署買賣合同及支付訂金後，如無法取得銀行貸款，便會有違約的風險。

目前澳洲主要銀行在提供貸款時需要提供澳洲當地的入息證明，但亦有例外，在處理申請者海外入息方面，每間銀行的做法都可能不一樣。

銀行也會審核申請人的支出，包括信用卡、供養子女費用，及日常開支，亦會審核申請人在澳洲的信用評價 Credit Rating。

然後，銀行會根據申請人目前的財政狀況，提供一個最高貸款額度。要注意的是，Pre-Approval 是有限期的，每家銀行的限期都可能不一樣，一般是 6 至 12 個月。而且 Pre-Approval 不是正式的貸款批准，銀行可能會因應購買的房屋的估價作出借貸額度的調整。購買新樓，特別是新公寓，可能會出現估價不足的情況。因此買家必須要留一手，不要預得太盡。

買家亦可以在買賣合同上，要求加上 Subject to Finance 的條款，列明若貸款不成功交易便可無條件告吹，但這類條款不是每一個賣家都願意附加。

對於合資格申請印花稅豁免的申請者，銀行一般會要求在成交時仍要先付印花稅，然後在收到政府的正式豁免批准後，再把錢還給你。

部分銀行也會提供印花稅的短期貸款，申請人可先向各銀行查詢。

如何爭取利息優惠

申請人可透過 Mortgage Broker 幫你在市面上找合適的銀行貸款，他們不會向你收費，佣金是由負責貸款的銀行支付，同時亦可向兩至三家銀行申請，比較他們提供的條款。

在澳洲銀行貸款有分「只還利息」及「本利齊還」兩種,而本利齊還的利息會低一些。利率會再分為「固定利率」及「浮動利率」。

另外,澳洲銀行會提供 Loan Offset Account,類似香港的 Mortgage Link 戶口,可以把每個月多出來的資金,存放在 Offset Account 內,直接對沖銀行貸款利息,但這類 Loan Offset Account 的貸款利率往往不是最划算的。

澳洲小型銀行的貸款利率,往往會比大銀行好一些,但小銀行的服務,相對來說會差一些。銀行會根據你的借款額度,來決定給多少利率優惠給你,借款額度愈大,利率優惠愈多,到了一定的額度,甚至會有專門的銀行經理為你服務。部分銀行會提供類似香港的貸款現金回贈。如果時機掌握得好,現金回贈的金額也非常可觀的。

需要留意,向澳洲銀行貸款,每年要支付固定的 Loan Package Fee,約幾百澳元,包含銀行信用卡年費。在澳洲積分高的信用卡,都是需要付年費的。而部分銀行也會要求借款人購買房屋保險。

STEP03：搵樓、睇樓及參與拍賣

買家可以透過房地產網站，根據自己的預算及喜好，搜尋心水樓盤。網站推介： Realestate.com.au 及 Domain.com.au。買家可輸入 Postcode、房屋種類 （House、Townhouse） 及樓價，搜尋樓盤。

澳洲房屋一般會透過拍賣 Auction 或者私人買賣 Private Sales 形式放售。連地的 House 及 Townhouse，會透過拍賣形式出售，公寓單位則會透過私人買賣形式出售。私人買賣的形式跟香港差不多，在這裡就不多説了。

拍賣的話，中介通常都會在拍賣前一個月，安排 House Inspection 給買家去睇樓。有興趣的買家可以向中介拿取買賣合同及物業相關資料，其中包括 Section 32。Section 32 包含了物業很多重要的資料，包括最重要的 Land Title 土地產權。

買家亦可以主動聯絡中介，提前向業主出價。如果價錢能夠讓業主動心的話，買家可以提前直接把房子買下來，拍賣就會因此而取消。

拍賣會現場

拍賣前中介會要求所有買家登記身份，拍賣官亦會向買家講解其法律責任，與及物業成交的一些細節，包括訂金，成交期等。在拍賣開始之前，業主先會定下一個拍賣底價，而這底價只有現場的拍賣官才知道。澳洲法律規定，拍賣官是不能把底價對外公開的。

拍賣官會利用各種手段，來吸引買家出價。拍賣官的主要目的，是盡量挑起現場買家的情緒，利用買家互相之間的競爭，把價錢拉高。

而當出價到達了業主指定的拍賣底價時，拍賣官就會告訴現場人士這房子" is on the market"，即是說，這房子已經進入必買必賣的狀態。到了這時候，誰出價最高就必須賣給他。因此，絕大部分數房東，都不願意把底價定得太低。

如果出價達不到底價的話，出價最高那個買家，就有權在當天直接去跟房東進行談判。但如果房東覺得出價太低不肯賣的話，這單買賣就會被取消，這種情況在澳洲叫做" Pass In"。

成功投得的買家，必須在現場簽署買賣合同，這是必買必賣的合同，是沒有 Cooling Off Period 的。訂金一般是成交價的 10%，必須當天開支票。由於拍賣多在周末進行，因此中介會在周一才入票。

成交期 Settlement Day 可以在拍賣之前或簽署合同時跟中介談妥，通常是 60 天到 120 天。

拍賣過程全紀錄

整個拍賣過程，還有許多細節及竅門，有興趣的讀者可以到筆者的 Youtube 頻道，直擊整個拍賣過程。

拍賣策略

根據筆者的經驗，買家在拍賣過程中，可以採取以下策略，讓自己可以用最低的價格投得房屋：

- 第一點，就是拍賣時盡量避免跟其他買家去競爭。當你發現競爭對手實力很強或志在必得的話，那最好就放棄吧。因為拍賣官最想看到的，就是買家之間互相競爭。所以在拍賣時，千萬別衝動，要時刻保持冷靜，按照自己的預算去競投。

- 第二點，留在最後一刻才出手。要如何去判斷那一刻才出手呢？通常拍賣官都會在現場一個一個去問價，等他問完一圈後，你才在這時候開始出價。

- 第三點，出價時叫價愈低愈好。如果本來要求每口叫價最低是 AUD $10,000，你就問拍賣官可不可以降到 AUD $5,000。然後再輪到你叫價時，厚面皮再問可不可以降到 AUD $2,500。盡量把現場競爭對手的情緒降下來，把拍賣節奏拖得愈慢愈好。

- 第四點，就是玩小手段。你可以不斷發問問題而不出價，把現場情緒冷卻。

STEP04：委託律師 （Conveyancer / Solicitor）

當簽妥賣買合約後，跟香港一樣，買家需委託律師處理樓宇交易事宜。律師收費普遍為 AUD$1,000 至 3,000 不等，雙方律師會交換房屋買賣合同（Contract of Sale），賣方律師會提供 Settlement Statement，證實已繳付物業相關費用，包括水費、Council Rates 及管理費等。澳洲律師會要求賣方在成交前繳付所有欠費。

STEP05：完成交易

在交易當天，買家／按揭銀行會轉賬到指定的律師信託戶口（Trust Account），包括樓價的餘款及印花稅，再由信託戶口轉交到賣家的指定戶口。在賣方律師確認後，會做土地註冊，包括通知 SRO（State Revenue Office）以及向 SRO 支付印花稅。完成交易後，地產代理會通知買家領取物業鎖匙，正式收樓。

2.7 如何在市場尋獲「筍盤」

根據筆者的經驗，先從選房開始。一般來說愈受歡迎，愈多人看的房子就愈難壓價。賣家的心態很簡單，你不買自然會有其他人買。碰到這種情況，很難會有議價空間。以下的幾種情況的物業，議價空間會比較大的：

- 第一類是在拍賣中沒有賣出去的房子，澳洲人稱為"Passed In"。由於拍賣會「流標」，賣家的心理會有一定的打擊，買家只要要好好利用這一點，便能擴寬議價的空間。

- 第二類議價空間比較大的是遺產房，即是父母留下來的給子女的房產。在澳洲本土人的家庭，父母過身後很多子女只管分錢，房子賺多賺少對他們來說影響不大。但怎樣才知道哪間是遺產房？你必須去詢問地產中介。

- 第三類就是急著要賣房，等錢用的賣家。例如開發商剛建好的房子，賣不出去需要支金周轉；又或是換樓人士，剛買了新的房子，必須要把現有的房子賣掉;或者是投資客戶因為種種原因，必須要賣房套現。這類型的業主往往都在跟時間競賽，時間對他們來說就是錢，每天都要支付高昂的利息。因此，這種房子的議價空間亦會比較大一些。想知道業主有沒有貸款，可以問中介或者在買賣合同上查看。如果是開發商的話，筆者一般會作一些背景調查。

- 第四類就是不懂得把房子好好包裝的業主。所謂人靠衣裝，賣房子也是同樣道理，尤其是比較年輕的買家，他們特別注重包裝。有些本身是不錯的房子，但房東沒有或者不懂得去把房子「粉飾」，往往被買家忽略。筆者建議主攻一些裝修比較破的房子，例如廚房顏色比較怪，地毯很舊之類的。這種房子往往看的人比較少，根據筆者的經驗

Pass In 的機會也較大。這類型的房子的價格往往會比包裝得好，有明亮裝修的房子便宜 10 到 20%。

有人覺得費盡心思慳一、兩成樓價買一個破舊單位未必值得。其實除了樓價平了，印花稅（Stamp Duty）也因而節省了，一來一回，你省下來的錢足夠把購入的物業好好的裝修了。

2.8 房屋買賣談判技巧

技巧 1：感情牌

在面對中介或者房東的時候，你要顯得你會非常珍惜這套房子，讓房東喜歡你。原因是有不少的買家會在談判中，説了很多關於房子的缺點，很多負面的説話，想借此壓低價格。這種技巧在香港也許會有用，但這些負面的話是會影響賣家的情緒，尤其是澳洲當地居民、老人家，或者住了很久的業主，他們對自己的房子都是有一定的感情。如果在談判中，只有你顯得會非常珍惜這套房子，房東往往會優先考慮你的出價，甚至可能在出價略低於別人的情況下也賣給你。這種情況在澳洲，尤其是自住房的確有發生過。不過對於華人業主，這一招可能就不管用了。

技巧 2：嚴防底牌外露

在任何情況下，都不能告訴中介你的預算或者底價是多少。地產中介往往會用各種手段，去試探你的預算或者底價，你的預算就好比是國家機密，在任何情況下，都不能告訴中介；原因是當中介知道你的底價後，他們就會利用你的底價，談出一個跟你底價差不多的價格，而不是拚命地去幫你去談一個最低的價格。

另外在談判中，要顯示給中介你不急著買。就算你明明非常著急，也要裝成一幅可買可不買的樣子。這也是心理戰的一部分，讓中介以為你雖然一切就緒但卻不心急，便會轉而在談判過程中，不停地去試對方的底線。

在談判過程中，一般的處理方法是先問中介，業主的要價是多少，然後你出一個比較低的價格。至於該出價多少，你必須自己去做功課。在過程中，中介會不停的要求你加價，但你千萬別急著加價，要一點點加上去，直至雙方達成共識。

技巧 3：彈性成交期

在澳洲一般的成交期限是 60 天，但每個案例都不一樣的。成交期限是可以協商的，90 天、120 天甚至 180 天都可以，你可以利用這個成交期作為你談判的籌碼之一。

一開始，先問中介業主要求的成交期是多久，例如中介說是 60 天，你在開價前可以先問中介能否長一點，理由是要去安排資金，或跟銀行做貸款之類，通常都能要求延長至 90 天。

若然業主是開發商、投資者，或是急著要還銀行貨款的業主，在談到七七八八的時候，如果你對價格還是不太滿意，可以跟中介說我願意提早成交，由 90 天改為 60 天，甚至 30 天，但要求再便宜一點。利用彈性成交期，可以是你最後衝刺的談判籌碼，當然前提是你要擁有隨時能動用的成交資金。

2.9 澳洲房地產印花稅

澳洲房地產印花稅是屬於地方稅收，稅率是由當地州政府自行決定，因此每個州的稅率都不一樣。

澳洲印花稅有分本地居民及非本地居民稅率。無論是海外人士，或是持有超過 12 個月簽證是的人士，在絕大部分的澳洲州份置業，都要繳付額外印花稅，包括澳洲 3 大城市悉尼、墨爾本及布里斯本。

澳洲的印花稅是行漸進稅率（Progressive Rate），即是房價愈高，印花稅率就愈高。

目前各州份的最高印花稅率為 5% 到 5.75%。以下是 2021 年度各州份最高印花稅率：

新南威爾士州 5.5%	維多利亞州 5.5%	昆士蘭州 5.75%	西澳 5.15%
南澳 5.5%	塔斯曼尼亞 4.5%	北領地 5.95%	

非本地居民需要支付的額外印花稅（Foreign Buyer Surcharge Purchaser Duty），以下是目前各州份的額外印花稅率：

新南威爾士州 +8%	維多利亞州 +8%	昆士蘭州 +7%	西澳 +7%
南澳 +7%	塔斯曼尼亞 +3%	北領地 +0%	

即是海外人士如要在悉尼（新南威爾士州）置業，便要繳付 13.5% 印花稅。

本地居民的置業優惠

本地人除不用支付額外印花稅外，更可以享受各種的買屋優惠政策，包括首次置業優惠（First Home Buyer Grant）。每個州份都有各自的首置優惠政策，申請人只需要滿足以下條件便可享用：

- 必須擁有澳洲永久居留權，或是澳洲／新西蘭公民
- 所購買房屋必須是作為自住用途
- 必須是第一次在澳洲置業

合資格的買家，可以得到州政府的補貼，包括現金補貼或者印花稅減免。印花稅減免可分為二手樓及樓花，通常各州政府對於二手樓的印花稅減免會比樓花少一些，原因是政府想借助補貼來帶動建築業，鼓勵民眾多購買新樓。

以維多利亞州為例，州政府對二手樓設定樓價的上限為 AUD$75 萬，超過此售價就不能享受印花稅減免。與此相比，樓花方面的上限就高很多，視乎房屋類型而定，最高樓價可高達 AUD$200 萬。

另外，澳洲政府為合資格的首置買家提供按揭擔保，幫助買家上車。在正常情況下，澳洲銀行會要求買家最少付 20% 的首期，而合資格的首置買家，可獲得政府的 15% 擔保，只需要支付 5% 的樓價作首期。

另一個優惠政策 First Home Super Saver Scheme，是透過退休金（Superannuation）額外供款，來協助首置買家將來支付買樓首期。由於投入退休金的稅率只是 15%，遠較個人所得稅 19% 至 45% 的稅率低，變相可以儲更多錢。每位澳洲居民一生中最多可以多存 AUD$3 萬進退休金戶口，作為買樓首期之用。

2.10 睇澳洲樓需要注意的事項

連地獨立屋

如果是購買連地獨立屋，首先要觀察土地的形狀及地勢，正長方形的土地會比三尖八角形的土地更保值，因為可使用的建築面積更大，平地的土地會比斜坡的土地保值，因為斜坡的建築成本會更高。

澳州政府很注重自然環境保護，部分大樹可能被市議會列入為保護清單內，不能隨便砍伐。而大樹往往會為房屋帶來不少困擾，例如要定時清理落在排水管內的落葉等，鳥糞亦會加速房屋的老化。所以房屋有綠化的環境雖好，但應盡量避免周邊有太多樹木。

如果購買的是舊樓，應留意該屋是用什麼物料建成。澳洲的舊樓可為木板、單磚及雙磚房。木板房的維修成本最高，耐用性卻是最低。在睇樓時需要注意木板的狀況，觀察有沒有白蟻的行跡，白蟻會對房屋的結構帶來毀滅性的破壞。

單磚及雙磚房的分別是雙磚房中間隔了一層空氣，會為房屋帶來更好的隔音及隔熱效果，而且房屋的結構會更結實。因此，在價格差不多的情況下，盡量選擇雙磚房。

在睇這類樓房時，要留意外牆會否有明顯的裂縫，地台的牆會否有移位的情況，以及仔細觀察地下層的牆會否有明顯的濕氣，特別是建在斜坡上的房屋。注意屋頂的瓦片以及排水管的狀況，更換瓦片以及排水管的費用是不便宜的。此外，舊樓的電錶及電線也要特別留意，看看是否需要更換。

如果發現房屋有增建（House Extension）的話，必須確保前業主在增建時已獲得市議會批准。如未經許可增建一旦被鄰居舉報或被市議會發現，新業主是需要負責拆除的。

公寓大樓

假如目標是公寓大樓，除留意外牆會否有明顯的裂縫、地基有否移位，同時需要注意大樓整體的保養情況，包括大樓的排水管的狀況。準買家可透過代理向物業管理公司查詢過往幾年的維修項目，確保大樓有定期進行維修。另外，準買家亦需要查詢未來會否有大型的維修項目，因為費用需要由各小業主供同承擔的。

新建的 Townhouse

在睇樓時留意房屋用的建築物料，包括屋頂瓦片的質量，門窗的厚度，磚牆的種類，部分新樓可能會使用成本比較便宜的磚牆，例如 Hebel Power Panel，這種物料在耐用性以及強度方面會比磚牆差。

除此之外，亦要留意房屋的地基，特別是 House and Land Package 或者在新開發區興建的新樓，房屋需要根據不同泥土的種類，使用相應的地基，以確保房屋在結構上的安全。部分建築商可能為了偷工減料，選用比較便宜的地基。一般來說雙層房屋在地基方面的要求會比較高，特別是在新開發區或者斜坡上興建的房屋，地基不穩會導致未來房屋外牆出現裂縫，門窗移位甚至出現結構安全問題。

另外在睇樓時，亦要注意樓宇的設計，包括做家務的動線，室內的實用性以及方便性。因為澳洲沒有菲律賓傭工姐姐，買家需要自己負責日常家務，好的設計會為你帶來不少的方便。

仔細觀察室內裝修，包括造工及所選用的物料，如果發現造工粗糙或使用的物料質量較差的話，就盡量不要購買，因為日後的維修成本將會很昂貴。

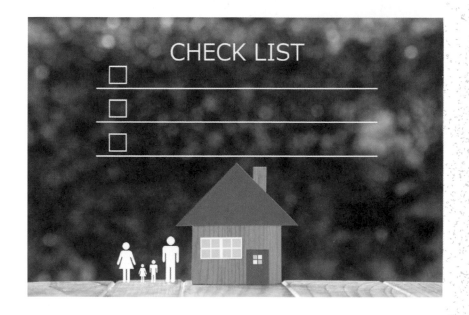

2.11 室內裝修注意事宜

根據澳洲的法律，一般的室內裝修是不需要得到市議會的批准，如果是公寓單位的話，需要通知物業管理公司，程序跟香港差不多。但比較大型的裝修，例如房屋增建，是必須要事先獲得市議會的批准，以及找合資格的建築公司承辦。

澳洲有類似香港的裝修設計公司，他們會提供一條龍的服務，包括設計、選擇材料、安排裝修師傅以及品質監控，但收費昂貴。如果想省錢的話，可以自己設計、自己採購材料，與及安排裝修師傅為房屋裝修。

不管誰負責設計，在設計中有以下幾點可以節省整體裝修成本。首先是盡量不要改動原有的位置，或者對房子本身的格局進行太大的改動。例如洗碗機、抽油煙機或煤氣，最好是保持原有的位置。就算真的要改動，最好是以性質相近的地方更換用途，例如把洗衣房改為洗手間，這樣牆不用拆，地下的管道也不用改。改動減少在跟裝修師傅討價還價的時候，也比較有優勢。

另外，就是盡量避免一些施工難度比較大的設計。有些設計看是好看，但如果難度高，成本就肯定飆升，而且澳洲的工資是不便宜的，例如一個設計簡單的廚房，造價肯定比一個有設計複雜，裝置假天花的廚房便宜。

材料方面，盡量避免選擇需要特別訂做的建料，應優先考慮經濟耐用的量產材料，令成本得以控制。以廚房中的廚櫃為例，度身訂做的肯定不便宜，可以考慮 Flat Pack 量產的廚櫃。Flat Pack 是澳洲大眾化的品牌，類似 Ikea 一樣以高性價比見稱，很多房子在設計時已預計會組裝 Flat Pack Kitchens 的廚櫃，減省成本之餘又美觀實用。至於淋浴間，建議選用 Shower Base 組件，它施工較容易，又不用做底層防水工程，不需擔心師傅偷工減料，也不會輕易出現漏水問題。

另外，可以的話也應該親身參與部分工程，例如室內的油漆工作，完全是可以自己做的。油漆建議用大牌子的水性漆，質素比較有保證。水性漆本身是沒什麼異味，使用也較簡單，屋主更可以發揮創意，成效隨時比裝修師傅更佳。

如果可以的話，你也可以嘗試自己鋪地板。市面上的 Loose Lay Vinyl Floor 是一種比較容易鋪的地板，非常適合新手。又或者可以考慮 Laminate Floor，這兩種物料都比傳統的實木板便宜兼更易處理。

無論油漆或鋪地板，初哥上陣難免會「雞手鴨腳」，不過自古成功在嘗試，更重要是省錢之餘，學懂一門技能，將來需要小修小補自己都能夠勝任。而且就算失敗收場，也可以找師傅幫你收拾殘局。

門窗部分，雙層玻璃窗有較好的隔音及隔熱效果，但價格比較昂貴，如果全屋都使用這種窗的話，成本就會很高。不妨考慮局部地方使用雙層玻璃窗，例如只在睡房使用，其他地方包括客廳，就使用普通的單層玻璃窗。

2.12 裝修「慳家」大法

新屋設計好，定下預算以之後，就到購買裝修材料的時候。裝修材料可以分為兩大類，第一類包括水管、電線及電掣開關等，這些價錢不太昂貴而使用量較大的建材，盡量選用質量較好的品牌，筆者建議這部分交由師傅去安排。

至於第二類是水龍頭、馬桶、地磚、浴缸、廚櫃及門窗等，這些價錢比較高的裝修材料，最好是自己負責採購，因有以下三個好處：

- 第一可以自己控制成本；
- 第二可以控制質量，因為有不少所謂包工包料的工程會變成偷工減料；
- 第三是一切都在自己掌握中，想改就改。

澳洲有不少裝修師傅會提供包工包料的工程，但為了賺取更多的利潤，裝修師傅往往會使用便宜的裝修材料。

廚櫃部分，前文已建議選用 Flat Pack Kitchen，如遇上打折，價格會非常划算。至於淋浴間及廚房的水龍頭，筆者建議購買德國品牌 Bunnings。馬桶、地磚、浴缸、門窗及其他裝修材料，建議在大型的裝修材料店購買，並盡量購買大牌子。抽油煙機方面，最好選購華人牌子，因為華人牌子的吸力比較強。

澳洲通常在 6 月及 12 月四處都有大減價，很多裝修材料店都會提供吸引的折扣，如果預算很快便需要家居裝修，不妨先量度好尺寸預先購入建材，先存在車庫日後備用，可以大大降低裝修成本。但需注意打折的產品是不能退貨的，而且打折期間可供選擇的產品款式也會少一些。

另一個方法是利用各種各樣的 Trade Discount。如果你有認識朋友做裝修這一行，不妨透過他的 Trade Account 直接跟供應商取貨，慳到錢之餘，質量也有保證。

 澳洲宜居

2.13 如何找到好的裝修師傅

在澳洲找裝修師傅是一門很大的學問,原因是澳洲裝修公司「食水」很深。若找大型的設計公司,它們的收費亦很昂貴,而且更要求與你簽訂合同,當中的「霸王條款」包括容許他們超支。這些合同都是由專業的律師幫他們草擬,客人每次要求他們改動,就算是小小的要求,他們都會跟你一分一毫算到盡。

所以如果是家居裝修,最好是直接找裝修師傅。不過因為澳洲的監管制度比較鬆散,不時會出現裝修師傅坐地起價、偷工減料、超支、延遲完工、爛尾,甚至收了訂金便一走了之的個案。以下是一些聘用裝修師傅的竅門。

好口碑

根據筆者的經驗,盡量不要在網上找師傅,因為網上很多都是經驗比較淺的師傅。在選擇裝修師傅時,盡量挑選朋友 / 親屬或同事僱用過而口碑好的師傅,或者在購買裝修材料的時候,問那些材料公司有沒有盡責的師傅介紹。

此外,你也可看看附近有沒有鄰居在進行裝修,或者去建新房的工地看看,因為一般的室內裝修都是外判出去。只要「不恥下問」,向屋主查詢師傅的「手勢」,澳洲人通常都會友善作答,你便可以由用家身上得到第一手資料。查詢的問題包括在裝修過程中,師傅有沒有坐地起價、有沒有超支、質量如何、工程有沒有按時完工?在澳洲,延遲完工是很普遍的,只要不太離譜就算了。筆者建議至少訪問兩名用家,仔細觀察他們完工的裝修成果,才作聘用決定。

在聯絡裝修師傅之後,可要求師傅告知最近完工裝修住戶的資料。如果師傅無法提供的話,可考慮直接把他否決,因為根據經驗多數都是有問題的。

報價

選定裝修師傅後，就開始正式報價以及進入討價還價的環節。這時候你之前所準備的裝修設計及計劃資料就能派上用場。筆者會把設計及計劃盡量做得仔細一點，最好有圖有尺寸，把每一項都列得鉅細靡遺，例如拆除廚房、重鋪地磚、安裝廚櫃、安裝幾個電掣開關之類；亦會列明有那些材料由戶主負責，那些材料由師傅負責等。這樣做可以避免日後不少麻煩。

此外，最好一次過找幾個師傅報價，因為不一定每一個師傅都會回覆你。根據經驗，有的師傅可能已經排滿工作，根本就沒空接你的活兒；也有可能看了你的設計不太感興趣；或者索性獅子開大口，給你報一個天價。等他們報完價之後，再跟他們議價。在討價還價過程中，不妨善用以下招數：

* 利用他們報的價相互競爭
* 向師傅強調你的工程很簡單、難度低
* 你會很合作，在過程中會幫忙
* 如果你親戚朋友同時也要裝修的話，兩個裝修都交給同一個師傅去做

在談好價格以後，就草擬一份合同，裡面盡量寫得仔細一點，把每一項工程都列得清清楚楚。請謹記，在選擇師傅的過程中，盡量把用戶的評價放在首位，即是報價略有高低，也應選用戶評價比較高的，完工水準有保證。

合同簽署後，裝修師傅都會要求你先支付訂金。謹記盡量透過銀行轉賬，因為可以保留轉賬的證據。如果師傅強烈要求你支付現金的話，就準備一張收據要求師傅簽字，收據上寫明是裝修款項。

最後，應向師傅索取駕駛執照副本。在澳洲，駕駛執照相當於身份證，是重要的身份證明文件。最好同時能提供公司的 Company Certificate 及各種牌照的副本留底，他日要追討賠償也有證有據。

展開工程

合同簽署後就是開始裝修工程。在澳洲，老師傅不可能天天都在場，很多工作其實都是交給下面的小工去做，甚至會跟其他師傅合作。盡量在每一個過程中自己去把關和檢查，如果發現有明顯的問題，先用手機拍下來，千萬別跟小工正面衝突和吵架。先發給老師傅，告訴他那裡出了問題要求他跟進，好的師傅一般都會幫你修補。而第一時間的修補，會比在日後才作修補簡單得多。

完工後，肯定會有些地方需要再跟進，這叫收尾。你最好把問題集中在一起，一次過叫師傅來跟進。不然的話，你每發現一個毛病就叫師傅來的話，好的師傅也會生氣的！記住，關係一定要搞好，但如果不幸地師傅不理你的話，你可以去他所在的專業機構投訴，例如 HIA （Housing Industry Association） 及 Master Builders 協會等。

如果投訴無效，也可向法院申請控告他。這種裝修工程一般的金額都不會太大，因此不用聘請律師，去小法庭就可以處理。類似香港的小額錢債審裁處，在墨爾本叫 VCAT，全名 Victorian Civil & Administrative Tribunal，在悉尼則叫 NCAT 。每個州份都有類似的小法庭，通常都不用律師，自己處理就可以。部分師傅在收到法院寄給他們的傳票後，都會主動跟你聯繫，設法跟你私下和解。這時要他們跟進的就跟進，要退錢的就退錢，效果非常顯著。

第三章
澳洲求職

3.1 澳洲最新就業情況

澳洲每年有十幾萬新移民，加上每年本地的新增畢業生，勞動市場勉強都能吸納他們。但疫情爆發後，澳洲的失業率在 2020 年 7 月曾一度飆升至 7.4%，至 2021 年 4 月才回落至 5.5%。在不景氣的情況下，市場要消化新增的勞動人口需要更長的時間，所以剛來澳洲的港人最好要有心理準備，要找工作就要長期作戰。

初來埗到的香港人，假如在香港是從事會計、IT、酒店或銀行等工作，來到澳洲想繼續此專業會特別困難。你可能要花幾個月甚至更長時間，才能找到第一份工作，這種情況在澳洲是屬於正常的。

根據筆者的經驗，第一份工作可先申請短期合約工，或申請華人公司的工作。華人公司一般會要求入職者能操流利的普通話，起碼少了一批本土澳洲人競爭，贏面也會提高。最重要的是時刻保持積極的心態，只要不放棄，終會找到工作的。

薪金及工時

悉尼及墨爾本的工作機會，會比其他城市多些。澳洲的銀行、保險及金融類公司主要集中在悉尼。如果你在香港的職級屬於管理層或部門主管，那就要有心理準備，移民來到澳洲只能做一些中下層職級的工作，而未來晉升機會也會比香港少。

根據澳洲統計局的數據，2020 年澳洲全國的平均工資是 AUD$9 萬（稅前）。要注意這是平均工資，被首都坎培拉的公務員、西澳的礦產從業員，以及悉尼的銀行、金融業的工資拉高。剛來到澳洲的新移民，可能需要一段時間，才能達到 AUD$9 萬的平均工資。

此外，澳洲工資的增長速度也非常慢，過去五年的薪金增長連 3% 都不到；而且澳洲公司一般只有 12 個月糧，許多公司也不會派發年尾花紅。不過相比香港，澳洲白領的工作會比較輕鬆，特別是在大公司工作，除了四大會計師樓外，需要加班的工作寥寥可數，每星期周六日休息，假期上班的情況少之又少。部分工作如醫護人員或藍領，加班都可以拿到豐厚的加班費，例如周日上班，工資是正常的 1.5 倍到 2 倍。

在香港一個人的工作量，在澳洲往往會安排給兩個人來做，加上香港人的工作效率世界聞名，所以本地人認為很忙的工作，香港人都能應付自如。澳洲很多制度跟香港差不多，因大家都是沿用英國制度。香港人的英語閱讀及寫作能力，絕對能應付日常工作的需要。所以香港人要適應澳洲工作環境，反而不是一件難事。

澳洲宜居

假期及福利

有不少澳洲公司會提供彈性上班時間，以方便員工照顧小孩。澳洲公司的法定年假是每年 20 天，另加 10 天事假，大公司提供的假期會更多一些，所以對香港人來說，澳洲絕對是天堂。

準備做母親的你在澳洲工作，可以獲高達一年的產假。大部分公司會提供一個月以上的有薪產假，而澳洲政府亦會提供約 4 個月的最低工資補貼給孕婦，男士亦能申請 2 周產假，澳洲政府會提供最低工資作為補貼。

澳洲的退休金 (Superannuation) 類似香港的強積金，澳洲的退休金全部由僱主支付，目前法律規定的最低供款，是稅前薪金的 10%，部分大公司及政府機構的供款甚至高達 15%。但澳洲的退休金供款是需要交稅的，目前的稅率是 15%。

澳洲稅後薪金，雖然比不上香港，但工作量及整體福利，會比香港吸引不少。

3.2 澳洲的工作文化及熱門工種

公司文化方面 ，澳洲人普遍都比較友善，比起香港會較少辦公室政治。澳洲人的思想亦比較正面，普遍人的心態只管完成自己的工作，可以早點回家享受生活，不會八卦別人的私生活。因此在澳洲工作，心情亦會愉快一些。

澳洲政府是非常注重種族歧視問題，因此澳洲公司對種族歧視有嚴格的管制，員工如果在言語或行為上帶有種族歧視，公司會發出警告信，嚴重的話甚至會被解僱。因此在澳洲公司工作，很少會遇到種族歧視的行為的。(起碼表面上比較少，但在升職及加薪上，你會發現其實歧視是存在的！)

交通方面，由於澳洲的公共交通網絡不發達，除非你在市中心上班，可以使用公共交通工具，否則都要自行駕車到工作地點。對於打算移民過來澳洲的朋友，最好預早在香港學車考牌。香港的駕照可以不需經過考試，直接轉換成澳洲駕照的。

如果你沒有一技之長，又或者剛來澳洲之後，一直無法從事以前的行業，筆者建議轉行從頭開始由基層做起。澳洲目前的最低工資是每小時AUD$20.33，要找超過這工資的工作不是一件難事。香港人頭腦靈活，做事認真又高效率，在澳洲生存完全沒有問題。那怕做一些基層的工作，選擇也會比香港多。只要有一份普通的工作，要有車有樓、每年去海外旅行，這種在香港算是高水準的生活，在澳洲其實是不難達到的。

十大高薪工作

根據澳洲稅務局 ATO 於 2018-19 年度的數據，以下是澳洲稅前平均工資最高的十種職業：

第 10 位 ：Engineering Managers 工程經理，平均薪金 AUD$159,940；

第 9 位 ：公司 CEO/Managing Directors 行政總裁，平均薪金
　　　　　AUD$164,896；

第 8 位 ：Mining Engineers 採礦工程師， 平均薪金 AUD$184,507；

第 7 位 ：從事司法及法律相關的專業人員，包括律師，平均薪金
　　　　　AUD$188,798；

第 6 位 ：Medical Pratitioners 醫生，平均薪金 AUD$222,933；

第 5 位 ：Psychiatrists 精神科醫生，平均工資 AUD $235,558；

第 4 位 ：從事金融業的 Financial Dealers ，平均工資 AUD $275,984；

第 3 位 ：Internal Medicine Specialists 內科醫生，平均工資 AUD $304,752；

第 2 位 ：Anesthetists 麻醉師，平均工資 AUD $386,062；

第 1 位 ：Surgeons 是外科醫生，平均工資 AUD $394,303。

在這十個行業之中，全部都是技術含量很高的專業人士，而其中醫務相關的行業就佔了五席。

熱門缺人職業

根據 Department of Jobs and Small Business 提供的報告，未來澳洲最缺人的行業是 Health Care and Social Assistance，這也是澳洲目前增長最快的行業之一，其中包括老人院護理人員及護士，也是最缺人的職業。因為隨著澳洲老年人口的增長，對於這兩種職業的需求也只會愈來愈大。

此外，Professional, Scientific and Technical Services 等科研工作，與及建築業、教育業和食品服務業，都是澳洲未來大熱的缺人職業。有此專業資格申請移民，一定能大大加分。

澳洲宜居

3.3 如何在澳洲找工作

想在澳洲工作，你首先需要申請一個稅號 Tax File Number，你可以在這個網站申請：www.taxfilenumber.org/tfn/apply。申請程序非常簡單，填寫個人資料，包括通訊地址，護照號碼就可以。學生或者工作假期的朋友，需要留意簽證上的工作限制。在澳洲找工作包括臨時工及兼職，可以有以下幾個途徑：

透過朋友介紹或主動出擊

這類工作一般都是技術含量比較低，包括茶餐廳、清潔及工廠包裝。你可以詢問身邊的朋友、同學、室友、房東，甚至鄰居等。主動向他們查詢，有沒有臨時工及兼職的工作機會，這是在澳洲最快能找到工作的方法之一。

此外，你也可以主動去一些店舖比較集中的華人區域，一家一家店去詢問。你可以預先準備好履歷表，簡單介紹一下你自己。沒有打印機的話，可以在附近的 Officework 打印。Officework 是澳洲最大的文具連鎖店，在澳洲全國各區都有分店，店內有提供打印服務。

部分店舖會在門口張貼招聘廣告，盡量別在店舖最忙的時候進去，等店舖沒那麼忙的時候才進去詢問，一般是早上剛剛開店的時候，又或者剛剛做完午市休息的時候。根據筆者的經驗，最好直接找老闆或經理傾談。如果找普通員工，他們沒有決定權，也對招聘的事一知半解，如果你把履歷表交給他們，大部分的情況都會不了了之。

如果你是從事教育工作，例如在大學教書，又或是從事學術研究工作，你可以主動聯絡當地的大學，或進去大學的網站看看招聘的工種對你是否適合。

如果你是背包客，可以在專門為背包客而設的打工網站上找工作，例如背包客棧 backpackers.com.tw。裡面有提供澳洲不同州份的背包客招聘廣告，包括農場、按摩學徒、包裝及送外賣等等。不過在此放置廣告都是華人僱主，待遇或會比澳洲僱主差，亦會夾雜一些「黑工」。奉勸大家要帶眼搵工，見工前嘗試在網上把僱主「起底」，如果僱主有「前科」，在網絡世界是掩飾不到的。而且切勿單獨前往應徵，記得結伴同行，有意外也能互相照應。

熱門求職網站

https://www.gumtree.com.au/

Gumtree 本身是二手物品交易網站，但也刊登不少招聘廣告。網站刊登的工作對於英語的要求會比較高，主要招聘技術工人、建築工人及貨車司機這類工作。

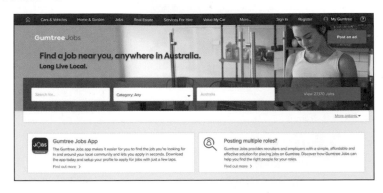

Workingholidayjobs.com.au

這網站的工作對於經驗及技術的要求比較高，包括建築工人、木工及電工。

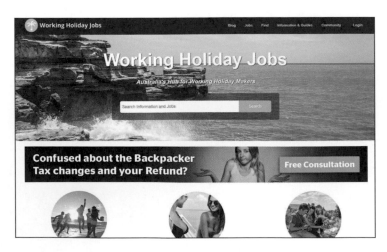

Jora.com

這網站的工作大部分都是文職，包括會計文員、行政或接待員。

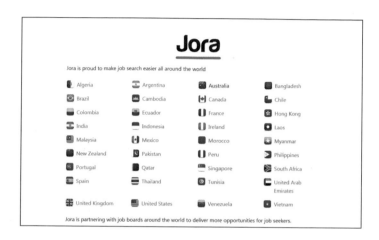

Indeed.com

這網站大部分都是全職工作，對於工作技能及英語上的要求會比較高。

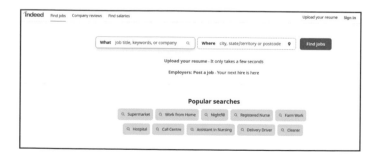

Seek.com.au

這是全澳洲最大的求職網站，它的功能也是最強大，你可以按照自己所住的地區及行業而去搜尋工作。你需要先登記個人賬號，在填寫個人資料的時候，盡量詳細一點。如果有駕照最好寫上去，因為有些工作是指定需要開車的。資料愈詳盡，你的成功機會就會愈大。

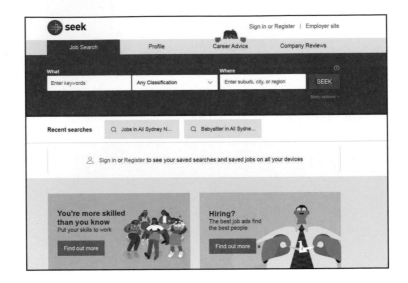

3.4 在澳洲求職面試的技巧

在澳洲找一份全職的工作是一件很不容易的事，這類工作對於技術、經驗及英語能力要求都比兼職或工作假期要高。

前文已介紹多個求職途徑，其中最多求職者使用的，一定是全澳最大的求職網 Seek.com.au。網站招聘廣告上顯示的工資，一般會分兩種，最常見的是工資另加 10% 的退休金 (Super)，類似香港的 MPF。但有時候你會看到 Salary Package，即是工資已經包括 10% 的退休金。

Payroll Officer Featured

MAYDAY Recruitment

Sydney > CBD, Inner West & Eastern Suburbs
$70,000 + Super
Accounting > Payroll

* Stand alone Payroll Specialist | Be an integral part of the team
* Bright, modern & stylish offices in the CBD | 6 Month Contract
* Join a supportive and social environment | Flexible work/life balance

Join a Luxury Fashion Brand in a stand alone Payroll position running monthly & fortnightly payroll for permanent & seasonal employees. Wonderful team

---

Management Accountant: $80k Package + Company benefits

Reo Group

Sydney > North Shore & Northern Beaches
Company Benefits
Accounting > Management Accounting & Budgeting

* Be a part of a large billion dollar business, support existing projects
* Be rewarded $80k Package
* Fast paced and dynamic, modern offices, close to public transpor

你亦可以選擇 FULL TIME、PART TIME 及 CONTRACT/TEMP 等。
如果這是你第一份在澳洲的工作，筆者建議你先集中找 CONTRACT
或 TEMP，競爭會較小。另外，如果選擇要求會講中文(即國語 / 普通話)
的工作，而你又會操流利的國語 / 普通話，申請這類工作成功率當然會
高一些。

CONTRACT 工作亦算是全職工作，只不過是用短期的合同形式，由幾
星期到一年不等。比較短的合同如幾星期或幾個月，工資會按時薪來計
算。而一年的合同工作，即是所謂的 FIXED TERM CONTRACT，則
會提供固定工資，更包括 20 天的年假！

想了解 Seek.com.au 求職過程，
可瀏覽筆者 Youtube 頻道「土澳 TV」的視頻：

撰寫求職信

在 Seek.com.au 內絕大部分的招聘廣告都是由中介公司刊登，選定好適合的求職者後才轉介給聘用的公司。中介公司每天都需要處理大量的求職申請，未必會細閱求職者的履歷表，所以一封好的求職信 (Cover Letter)，會大大增加你通過第一關的機會。

Cover Letter 應盡量簡潔，最好在一頁內完成。除了列明你的個人資料外，記得要在信裡面強調你跟這工作相關的經驗及技能。澳洲很多公司都會強調溝通技巧，你亦可以加兩句你在這方面的能力。最重要是要簡單地解釋一下為什麼你合適這份工作，與及你比起其他申請者優勝之處。完成後記得做 Spelling Check，很多申請者也敗在此小節上。謹記 Cover Letter 的內容需要度身定做，因每一份工作的內容及要求都是不一樣的。

面試秘訣

面試可分兩類，第一類就是跟中介的面試，中介可能會約你見面，了解一下你的背景。這類的面試一般都會較隨便，會面後中介覺得滿意，會再把你的簡歷交給客戶。

如果有機會與僱主正式面試，面試前便需先做準備功課，包括你申請公司的背景、工作內容、申請這份工作的原因、你比其他申請者優勝之處，與及能為公司貢獻些什麼。順便準備兩至三條問題，待面試尾聲時可以向面試官提問。

面試時第一印象非常重要，必須打扮得專業一些，要準時到達，千萬別遲到，但又別太早上去面試的公司，提早大約 5 至 10 分鐘到達便最適合。面試時記得要有禮貌，主動跟別人打招呼。對話時不用緊張，要有自信面帶笑容，保持眼神接觸，盡量顯得你很喜歡這份工作。當面試官問你問題的時候，千萬別心急，想清楚才回答。如你聽得不清楚千萬別害羞，可以請面試官重覆一次。當面試結束後，就應與面試官握手感謝他們。如果有對方 EMAIL 的話，在面試結束後可發一個 EMAIL 給人家，感謝對方給予你機會面試。

3.5 澳洲的個人所得稅

根據澳洲稅務局的要求，所有合資格在澳洲工作人士，開始工作前必先要取得 TFN（澳洲稅號），稅號可以在 ATO 的網站內免費申請。澳洲僱主聘請你工作前，亦會要求你提供稅號，銀行在你開戶口時亦會要求你提供稅號。若沒有提供稅號的話，僱主必須按照最高稅率，從你的工資扣稅，銀行亦會從的你利息收入中扣除 WithholdingTax。

澳洲的個人所得稅法跟香港最大的分別，在於納稅金額取決於你是否屬於澳洲稅務居民。如果你是澳洲稅務居民，便必須申報自己全球所有收入，包括在香港的股票、投資、物業租金、銀行利息收入，與及資本增值等。如果你已在海外繳納稅款，海外稅款通常可以減少部分澳洲的課稅。

澳洲宜居

何謂澳洲稅務居民？

並非所有居住在澳洲境內的人就是稅務居民。首先，假如你持的是臨時
簽證，你或配偶均不屬於（1991年社會保障法案）所定義的澳洲居民（即
不是澳洲公民或永久居民），也被定義為非澳洲稅務居民。作為非澳洲
稅務居民，你只需要申報在澳洲獲取的收入，你毋須申報其他海外收入
及資本增值。

假如你已是澳洲公民或永久居民，若符合以下任何一項居民身份測試條
件，則會被定義為澳洲稅務居民：

常住測試

若你的常住國家在澳洲，便會被定義為澳洲稅務居民。常住指的是永久
居住或長期居住，擁有固定或日常的住所，或生活在某一特定的地方。
可以用來判定常住狀態的一些因素，包括實際逗留、意圖和目的、家庭、
生意經營、僱傭關係、資產所在地和維護情況，與及社交和生活安排等。
舉例你的家人及大部份的朋友在澳洲定居，你每年定期都回澳洲跟家人
相聚，即使你長期在海外工作，澳洲稅局亦會把你定義為澳洲稅務居民。

住所測試

根據這項測試，若你長住在澳洲，代表你是原籍澳洲，則你就屬於澳洲
稅務居民，除非稅務局局長接受你的「永久居住地」位於澳洲境外。原
籍是指法律認定視為你永久居住的場所。可以是出生地原籍（即你的出
生地），或選擇的原籍（即你不選原出生地作為永久居住地的場所）。
永久居住地應具備一定的永久性，且與臨時性或過渡性居住地形成對比。

183 天測試

根據這項測試，若你一年內在澳洲逗留超過半年時間，你便屬於澳洲稅務居民，除非你有證據證明你的「日常住所」在澳洲境外，且你不打算在澳洲居住。若你已在澳洲居住，則無論你在海外逗留多長時間，通常都不適用此項測試。實際上，這項測試僅適用於初抵達澳洲的新移民。

另外，在疫情期限由於受到出入境方面的限制，假設你在這段期間在澳洲逗留超過 183 天，只要你能證明你的「日常住所」在澳洲境外，澳洲稅局亦會視你為非澳洲稅務居民。但在正常情況下，如果你在澳洲逗留超過 183 天，就會被定義為澳洲稅務居民。

聯邦公積金測試

這項測試僅適用於某些符合公務員公積金方案（PSS）或聯邦公積金方案（CSS）供款條件的澳洲政府僱員。若你屬於這種情況，則你（以及你的配偶和 16 歲以下子女）均屬於澳洲稅務居民，不用考慮其他任何因素。

澳洲稅務居民例子

曹先生 2000 年在澳洲畢業後取得澳洲永居權，然後決定回港發展。曹先生當時是單身，雖然有澳洲永居身份，但不符合以上任何一項測試，因此被定義為非澳洲稅務居民。

及後曹先生回香港成家立室，太太及子女均取得澳洲永居權。2020 年，曹太及子女移居到澳洲，子女就讀當地學校，更在澳洲購入房屋自住。但曹先生自己仍然留在香港工作，他雖然不在澳洲居住，但經常回澳洲探望家人，而且曹家在澳洲有自住物業，因此曹先生亦被定義為澳洲稅務居民。

於是，曹先生必須申報自己的全球所有收入，包括在香港的股票、投資、物業租金、銀行利息收入，與及資本增值等。即便曹先生已在香港納稅，香港所得稅務只能減少同等收入的澳洲稅款。由於香港的個人所得稅率比澳洲低，這就意味著曹先生需要補交澳洲稅款。

澳洲個人所得稅率

跟香港一樣，澳洲個人所得稅是採取漸進式稅率，澳洲稅局會因應收入調整稅率。2020/21 年度的個人所得稅率如下：

年薪 (AUD$)	稅率
18,200 以下	0%
18,201-45,000	19%
45,001-120,000	32.5%
120,001-180,000	37%
180,001 以上	45%

醫療保險稅

在澳洲，只要你有收入就要繳納 2% 的「醫療保險稅」(Medicare Levy)，如果年收入超過 AUD$90,000 又沒有購買「合適級別的私人醫院保險」，更要繳交額外的「醫療保險附加稅」（Medicare Levy Surcharge），稅率如下：

年收入 (澳元)	醫療保險稅 + 附加稅
90,001-105,000	2%+1%
105,001-140,000	2%+1.25%
140,001 以上	2%+1.5%

免稅額

跟香港所不同,澳洲不設供養父母及子女免稅額的。但一些與工作相關的項目,卻可以用來扣減應納稅收入,要求如下:

- 必須是個人開支,不能在公司報銷
- 必須與賺取收入直接相關
- 必須有證明該開支的記錄,包括發票

如果相關的費用同時用在工作及私人目的,你必須把費用分開,只有工作相關的費用才能用來扣稅。目前可以用來扣減的工作相關費用包括:

- 通勤相關的汽車費用、差旅開支
- 工作相關的衣服費用、洗衣費
- 在家工作的費用,包括電費及上網費
- 工作相關的工具和設備
- 工作相關的專業牌照年費

其他非工作相關但能扣稅的開支包括:

- 合資格慈善機構的捐款
- 申報個人所得稅的會計費
- 投資房所產生的虧損

3.6 澳洲的退休保障

澳洲的養老系統可分為兩部分,第一部分是退休金 Superannuation Fund (類似香港的 MPF),第二部分是政府的養老福利金 Age Pension。

退休金 Superannuation Fund

澳洲僱主需要為每位年滿 18 歲以上的僱員,提供稅前收入的 10%,作為僱員的退休金供款。無論是全職、兼職、還是臨時工,即使你只是短暫地在澳洲工作,僱主都需要為僱員供款。根據 2021/22 年度澳洲聯邦政府的財政預算案,月收入低於 AUD$450 可豁免供款的條款將會被移除,這意味著所有澳洲僱員不論收入高低,僱主都必須供款。而目前的 10% 供款,未來更會逐步調升:

- 從 2022 年 7 月 1 日起,會被調高到 10.5%
- 從 2023 年 7 月 1 日起,會被調高到 11%
- 從 2024 年 7 月 1 日起,會被調高到 11.5%
- 從 2025 年 7 月 1 日起,會被調高到 12%

另外，退休金有年度儲存額度的上限 Concessional Contributions Cap：
· 2021 年 6 月 30 日前的儲存上限為每年 AUD$25,000
· 由 2021 年 7 月 1 日起，年度儲存上限會被調升到 AUD$27,500

在年度儲存額度上限內的退休金供款，稅率為 15%；超出上限的供款，將被列入為該財政年度的應課稅收入內（Assessable Income），稅率視乎你在該財政年度的總課稅收入而定。即是假如你的年薪在 AUD$250,000 之內，你的退休金供款稅率只是 15%。假如你年薪達 AUD$300,000，在 AUD$30,000 的全年退休金供款中，AUD$25,000 稅率是 15%，AUD$5,000 稅率可以高達 45%。

靈活退休金管理

僱員可選擇把退休金交由不同的基金公司管理，亦可自己選擇基金公司內的不同投資組合，其中包括投資股票、房地產及債券等。另外，僱員亦可選擇自己管理基金 Self Managed Super Fund 簡稱 SMSF，用基金的資金投資股票、房地產及債券。SMSF 最多可以有 4 個會員，你可以選擇把家人的退休金合併，成立 SMSF 投資房地產。

什麼時候能支取退休金？

退休金可以在以下幾種情況下提取。
當你達到支取退休金的法定最低年齡（Preservation Age），並且永久性地退休。

·1960 年 7 月 11 日前出生的法定最低年齡為 55 歲
·1964 年 6 月 30 日後出生的法定最低年齡為 60 歲

又或者你已達到 65 歲。當你達到 65 歲，即使仍未退休，亦可支取你的退休金。

除此之外，在一些特殊情況下，例如遇到經濟困難、永久性地離開澳洲，或永久性殘疾／身患絕症／失去工作能力等，都有可能提早支取部分退休金。參加首次置業退休金儲蓄計劃（First Home Buyer Grant）的人士，亦可在退休金內最多支取 AUD $30,000 用於購買自住房。

退休金的支取方式有多種，你可以規律性領取（Super Income Stream）亦可以一次性（Lump Sum）的形式領取，也可以兩者相結合。提取人可以和基金管理機構進行商議，看哪一種方式比較適合。

政府養老福利金 Age Pension

合資格的澳洲永久居民或澳洲公民，可以向澳洲政府申請領取政府養老福利金（Age Pension），申請人必須滿足以下所有條件：

1. 年齡要求

· 在 1954 年 1 月 1 日 至 1955 年 6 月 30 日期間出生的人士，退休年齡為 66 歲

· 在 1954 年 7 月 1 日 至 1956 年 12 月 31 日期間出生的人士，退休年齡為 66 歲零 6 個月

· 在 1957 年 1 月 1 日後出生，退休年齡為 67 歲

2. 居住條款 Residence Rules

申請人必須在澳洲居住滿 10 年以上，其中 5 年必須是連續居住。以下的情況，10 年居住條款可以被豁免

- 如果你是難民或者曾經是難民，那就不會受 10 年之約的限制
- 如果你正在領取伴侶津貼（該津貼已經於 2003 年 9 月 20 日停止新的申請）、寡婦津貼（為到了特定年齡的寡婦、離婚或分居的女人提供的津貼）或者寡婦 B 津貼（已於 1997 年 3 月 20 日停止新的申請），到了可以領取養老福利金的年齡，可以不受 10 年居住條件的限制，直接把現時的津貼轉成養老福利金
- 如果你曾和伴侶共同居住在澳洲，但伴侶去世後，如果你到了可以領取養老福利金的年齡前，已成了澳洲公民超過兩年，就有資格申請養老福利金
- 如果你沒有滿足以上條件，卻依然想要領取養老福利金的話，除非你居住或工作之地，是與澳洲有國際社會福利互惠協議（International Social Security Agreements）的國家

3. 申請人必須是屬於澳洲居民

- 澳洲公民
- 澳洲永久居民
- 是受保護的特殊類別簽證（SCV）持有人

4. 申請人必須居住在澳洲

指的是申請人的長期居住的地方必須在澳洲境內，亦包括以下地方

- 科科斯（基林）群島的領土 the Territory of Cocos （Keeling） Islands
- 聖誕島的領土 the Territory of Christmas Island
- 諾福克島 Norfolk Island
- 豪勳爵島 Lord Howe Island

5. 收入測試

這項測試會函蓋你和你配偶的所有收入，包括你所有的金融資產（Financial Assets），例如你的退休金（Superannuation Fund）。在收入測試中，還設有不同的收入界值點（Cut-off Points），這關係到你是否單身、結婚、殘疾，與及你是否擁有自己的房屋等。

如果申請人是永久性失明，無論申請養老福利金還是殘疾津貼，都不會進行收入測試。但申請租金補助（Rent Assistance）除外。

Centrelink（近似香港社會福利署的機構）會因應情況調查每位申請者的收入界值點。目前的收入界值點如下：

- 單身人士（每兩周稅前收入）：AUD$2,083.40
- 同居在一起的伴侶（每兩周稅前收入）：AUD$3,188.40
- 因健康問題，沒住在一起的伴侶（每兩周稅前收入）：AUD$4,126.8

6. 資產測試

你和你配偶的所有資產，包括現金、禮物、房地產、投資、企業、農場、車輛、船隻、珠寶、人壽保險，以及退休金等。資產限額會再細分為擁有自住房（Homeowner）及沒有自住房（Non-homeowner）。自住房的價值是不會包括在資產測試中，資產限額亦會因應申請人是否單身以有所不同，Centrelink 會因應情況調查資產限額。目前的資產限額如下：

- 單身人士擁有自住房：資產價值在 AUD$268,000 以下，可享有全額養老福利金；資產價值在 AUD$268,000 到 $585,750 之間，申請人仍然能領取部分養老福利金。直到資產價值超過 AUD$ $585,750，申請人便失去領取養老福利金的資格

- 單身人士不擁有自住房：資產價值在 AUD$482,500 以下，可享有全

額養老福利金；資產價值在 AUD$482,500 到 $800,250 之間，申請人仍然能領取部分養老福利金。直到資產價值超過 AUD$800,250，申請人便失去領取養老福利金的資格

· 同居在一起的伴侶擁有自住房：資產價值在 AUD$401,500 以下，可享有全額養老福利金；資產價值在 AUD$401,500 到 $880,500 之間，申請人仍然能領取部分養老福利金。直到資產價值超過 $880,500，申請人便失去領取養老福利金的資格

· 同居在一起的伴侶不擁有自住房：資產價值在 AUD$616,000 以下，可享有全額養老福利金；資產價值在 AUD$616,000 到 $1,095,000 之間，申請人仍然能領取部分養老福利金。直到資產價值超過 $1,095,000，申請人便失去領取養老福利金的資格

目前 (2021 年) 的養老福利金額如下：
· 單身人士，每兩周 AUD$868.30
· 同居在一起的伴侶，每兩周 AUD$1,309

合資格的退休人士除可享受以上養老福利外，亦可享有其他專為退休人士而設的優惠，包括電費、水費及 Council Rate 優惠。

第四章
澳洲教育

4.1 初生至學前的教育補貼

香港有 15 年免費教育，澳洲亦有 12 年免費教育。另外澳洲政府亦會為澳洲國民提供各種各樣的教育福利和補貼，鼓勵澳洲人多生育，藉此推動澳洲的人口增長。

初生嬰孩補貼

如果是第一胎，母親可以連續 13 個星期，每星期領取 AUD$1,710 的津貼，名為 Newborn Supplement。第二胎則減至每星期 AUD$570，但同樣是連續 13 個星期發放。另外，每個初生嬰孩家庭，也會獲政府派送 AUD$570 的 Newborn Upfront Payment，該筆款項是以一次性發放。以上補貼是免稅的，只適用於擁有永居權、澳洲公民或新西蘭公民。

對於合資格的在職母親生育後，則可獲取最多 18 個星期的 Parental Leave Pay 育兒休假津貼。津貼以最低工資計算，按照目前的水平，大約 AUD $13,568 的援助。但這補貼是需要交稅的，而且補貼也不適用於年薪超過 AUD$15 萬的高薪一族。

托兒補貼

與香港不同，澳洲是沒有外籍傭人協助照顧小孩這類文化的，而且大部分的澳洲人父母，都寧願親力親為照顧自己的子女。如果父母都要上班，會選擇在日間把小孩放在 Child Care 托兒所。這些托兒所絕大部分都是私人營運，除了會代你照顧小孩外，亦會提供一些基本教育，例如教導小孩禮貌、環保意識、如何跟別人分享，禮讓及一些基本的生活常識。這些托兒所每天的收費 AUD$70-180，對父母絕對是沉重的負擔。

因此，澳洲政府會為在職家庭提供托兒所補貼（Child Care Subsidy），減輕在職家庭的負擔，鼓勵更多澳洲人上班。至於補貼額度，就要視乎家庭收入及小孩的數量而定。根據 2021 年度最新的財政預算案，澳洲打工仔可以獲取最多 95% 的補貼。不過此補貼不適用於家庭年收入超過 AUD$35 萬的高薪一族。另外，申請家庭父母其中一位必須在職才有資格申請，因為如果沒有工作的話，澳洲政府認為這些資源應該留給有工作的人。托兒所補貼的內容將在第五章詳述。

學前教育

小孩一般到了 4-5 歲就要上幼稚園 Kindergarten/Preschool。但在澳洲每個州份的情況都有點不一樣，幼稚園會分為官辦及私人兩種。兩者的分別首先是價錢，官立幼稚園的收費會便宜很多，但私立幼稚園的收費也不會很貴。私立幼稚園提供的服務一般會較官立幼稚園好，時間亦更有彈性。在沒有政府補貼下，私立幼稚園的收費每天約 AUD$100 至 $150。而補貼的方式、份額及資格，不同州份亦有不同的政策。

4.2 澳洲小學學費一覽

小學方面，澳洲每個州份的制度都有點不一樣。孩子一般在 6 歲開始就讀小學，澳洲的小學課程多是 6 年制（維多利亞及新南威爾士），但亦有 7 年學制（昆士蘭、南澳及西澳）。

澳洲的小學可以分為公立、私人及教會小學。學費方面，公立學校是免費的 （海外學生除外！） 目前只有澳洲永居、澳洲及新西蘭公民，以及部分指定的簽證持有人可享有免費教育。

什麼簽證持有人可享公立學校的免費教育？

每個州的情況都不一樣，甚至不同簽證者的學費都可能不一樣：

維多利亞州 昆士蘭州	485 畢業工作簽證、491 偏遠地區技術移民簽證，或 188 投資移民類別簽證者的子女，入讀當地的政府學校是免學費的
新南威 爾士州	• 188 投資移民類別簽證者的子女，可享免費教育 • 臨時簽證類別包括 485 畢業工作簽證，子女需要支付每年 AUD$5,600 至 $6,400 的學費（這是中學的學費參考）
南澳	• 485 畢業工作簽證或 188 投資移民類別簽證者的子女，可享免費教育 • 持有 457/482 臨時工作簽證者的子女，需要支付 AUD$5,400 至 $6,500 一年的學費（這是中學的學費參考） • 第二名子女可以享 10% 的學費折扣 • 如果有超過 3 名子女入讀的話，第 3 名以及其後出生的子女，可享免費教育
坎培拉	• 持有 485 畢業工作簽證或 188 投資移民類別簽證者的子女，需要交付一年 AUD$11,100 至 $16,200 不等的學費（這是中學的學費參考） • 持有 457/482 臨時工作及 491 偏遠地區技術移民簽證者的子女，可享免費教育
西澳	• 持有 485 畢業工作簽證、491 偏遠地區技術移民或 188 投資移民類別簽證者的子女，可享免費教育 • 持有 457/482 臨時工作簽證及 491 偏遠地區技術移民簽證者的子女，每年需繳約一年 AUD$4,000 的學費（這是中學的學費參考）
塔斯曼尼亞	• 持有 457/482 臨時工作簽證或 188 投資移民類別簽證者的子女，可享免費教育 • 持有 485 畢業工作簽證及 491 偏遠地區技術移民簽證者的子女，需要支付學費

澳洲宜居

以上學費政策隨時都有可能會被改變，各州份可以因應各自的情況，改變政策以及收費標準。澳洲永居、澳洲及新西蘭公民的子女入讀政府學校雖然是免學費，但校服及其他學校指定的學習用品，以及課外活動開支，仍需要家長自費的。

澳洲的私立小學

私校方面，小學的學費一年由 AUD $10,000 至 $30,000 不等，而教會小學的學費一般在 AUD$3,000 之內。以上學費是不包括學校指定的學習用品，以及課外活動的開支。

4.3 澳洲的小學生活日常

飲食方面,澳洲學校有嚴格規定,學生不能帶過敏性食物回校,亦不可以與其他同學分享自己的食物。因為澳洲是一個多民族的移民國家,華人能吃的食物,印度人不一定能吃,例如牛肉印度教徒就要禁絕。禁止小朋友交換食物就,是怕他們無意中觸犯宗教戒律。絕大部分的澳洲家長都會為自己的子女準備午餐,學校亦有小賣部,會提供一些簡單的食物,包括熱狗及三文治等。

澳洲的小學是不設指定的教科書,亦不設計分的考試,更沒有功課的要求。小學貫徹 Happy Learning ,透過遊戲引起學生的學習興趣。

因為每間學校的課程都可能不一樣,澳洲教師會有比較大的發揮空間,學生與教師之間亦有比較多的互動。澳洲的教育非常注重學生的創造能力,因此普遍的學生都很享受上學的過程。

由於小學不設計分考試,因此絕大部分的澳洲人都會選擇公立小學。當然,如果你經濟環境許可的話,私立小學的教育水平會比公立小學好,而學校配套及環境,亦會比公立小學佳。

課外活動方面,澳洲公立小學會定期舉辦一些課外活動,例如參觀博物館、農場及動物園,亦會定期舉辦運動日,讓學生參與運動。澳洲中小學每年都有 4 個學期,學生每年約有 3 個月的假期,一般華人家長會在假期時候為小孩報讀興趣班及補習班。澳洲亦有補習文化的,當然沒有香港那麼嚴重!

澳洲小學會在每年的 9 月開學,家長需要在同年 1 月中前提交子女的入學申請。入學申請流程可以向學校查詢,一般需要填寫入學申請表,提供子女的出生證明、護照等資料。而教會學校,則需要提供宗教信仰證明。

收生要求方面,每間公立學校都有自己的要求,School Zone Map 學區包括公立小學及中學,學生只要住在校區內,就有優先入讀資格,毋須經過考試。因此受歡迎校區房無論是買及租,價錢都會高人一等。

值得注意的是,對於一些比較熱門的校區,學校對於住址會有嚴格的要求。如果是租屋的話,可能會要求家長提供兩年以上的租賃合同。而且由於學位比較緊張,如果子女在年中插班的話,熱門的學校未必會立刻收生。可能要安排子女到附近的學校入讀,等有空位再安排你的子女回去就讀。

私立學校及教會學校都沒有 School Zone 校區規定,但想入讀好的私校不是易事,部分私校甚至如香港一樣,需要在小孩一出生後就要立刻報名,或者透過人脈關係,由社會知名人士推薦進去。

4.4 澳洲的中學及大學

對於澳洲家長而言，中學的重要性遠比小學高，因為中學設有考試制度，特別是考大學的入學試。澳洲的中學是 6 年制，分為初中及高中。中學有指定的教科書，基本科目包括英文、數學、科學、歷史、地理、社會學及商科等，亦包括其他課程，例如法文、電腦及音樂等。在課程選擇上，澳洲會比香港更有彈性，學生有更多的自由按興趣挑選科目。

考試方面，澳洲高中的大考雖然說是沒有一個統一的課程範圍，每個州都有自己的特色，但大致考試程序都差不多。澳洲高考的全名叫（Australian Tertiary Admission Rank），簡稱 ATAR，採用平時在學校的成績，與及各州大考的成績來判定最後升學的結果。各州皆使用百分比作排名，滿分為 99.95。數值愈高，代表學生在該州份的排名愈高。每個州份對高中考試都有不同名稱，維州稱為 VCE，新州稱為 HSC，昆州稱為 QCE。

學校選擇方面，中學的選擇會比小學多，除了有公立和私立學校、教

會學校外,還有政府設立的精英中學 Selective School。這種精英中學在每個州的數量都不會很多,它們是透過公開考試在全州招生,比較適合對於成績有要求、學習能力比較強的學生。精英中學雖然在各州的成績都是名列前茅,但校內學生要面對極大的學習壓力。為了保護學校的名聲,如果學生跟不上的話,校方有可能會勸學生退學。所以入讀前應有心理準備。

另外,部分優質的公立中學亦設有精英班,子女亦可以透過公開考試考進去。而大部分私立學校還設有獎學金考試,子女也可透過公開考試,考取全額或半額獎學金。

教會學校方面,會再分為天主教、基督教及猶太教。校方會對家庭的宗教信仰有所要求,特別是猶太教,他們的收生制度非常嚴格,而澳洲猶太教學校的水平亦相當高,吸引許多學生申請報讀。

學費方面,公立學校及精英中學是免費的,教會學校學費每年由幾千至一萬澳元左右。而私校的收費是最貴的,每年由一萬到幾萬澳元不等;另加私校的課外活動費用,可能是另一筆龐大開支;因為私校的課外活動,可不是參觀博物館或動物園那麼簡單,他們的主題可能是參觀法國的羅浮宮或去北歐滑雪,甚至會要求家長陪同前往。可以想像到酒店、機票,再加活動費需要多少錢!

選擇學校方面,私校的資源、教育水平、學校的環境、紀律及同學的背景,肯定要比公立學校好,但私校的學費卻不是每個家庭都能承擔得起。對於澳洲中產家庭來說,公校可能會是一個比較好的選擇。當然,子女亦可以透過公開試考取私校的獎學金,但家長仍然要支付部分學費及課外活動費用,這方面也是一筆可觀的開支。

大學方面,作為澳洲公民其中一項最大的福利,是可享受本地生學

費。相比起海外留學生的收費，本地生的學費只有 1/4 至 1/3，因此單單是大學學費，就是一個非常吸引的福利。除可以享本地學費外，澳洲政府亦會為合資格的學生提供免息貸款，透過簡稱 HELP（Higher Education Loan Program）的計劃，視乎不同學科，申請人可獲得最高 15 萬澳元的政府貸款。雖然這錢是要還的，但這是免息貸款，到子女大學畢業找到工作後，才會在工資中慢慢扣除。而這福利目前只限於澳洲公民享用。

澳洲大學的水平雖然不及美國或英國，但澳洲前 10 名大學的水平，其實也是相當不錯的。以下是澳洲前 10 名的大學：

1.University of Melbourne

2.University of Sydney

3.The University of Queensland

4.Monash University （Melbourne）

5.University of New South Wale

6.The University of Adelaide

7.The University of Western Australia

8.Australian National University

9.Queensland University of Technology

10.Curtin University

第五章
澳洲公民福利

5.1 養兒育女的福利

在澳洲從母親懷孕開始，一直到孩子上學，父母退休，澳洲政府都有提供相關的福利政策。由於澳洲的福利實在太多，加上每一項福利的細節都非常複雜，因此本文將集中主要的福利作簡單介紹。

以下所提及的福利，一般只限於澳洲永居、澳洲公民或新西蘭公民。

初生子女補貼

談到澳洲公民福利，可先從懷孕開始說起。如前一章所說，所有合資格的在職母親懷孕後，可獲取最多 18 個星期的最低工資補貼（Parental Leave Pay），按照目前的最低工資計算，大約是 AUD$13,568。此外，父親亦可以享有兩星期的最低工資補貼，讓父親在嬰兒出生後，能安心在家裡照顧嬰兒及媽媽。但這種補貼是不適用於個人年薪超過 AUD$15萬的高薪一族。

低收入家庭補貼

除了初生子女養育的補貼，政府也會視乎你的家庭收入，提供不同程度的補貼。低收入或單親家庭受惠的補貼會比較多，相反如果你的家庭收入是屬於中產或以上水平，那基本上享受不到太多的福利。主要的補貼包括 Family Tax Benefits ，簡稱牛奶金，有分 A、 B 兩種， 兩種的申請條件都不一樣：

Part A	Part B
• 申請人的子女需要符合以下要求： -0-15 歲，或 -16-19 歲，正在修讀獲政府批准的全日制中學課程，達到 12 年級或同等學歷 • 家庭收入少於 AUD $55,626，可獲全額的補貼。0-12 歲小孩每兩周最高可獲 AUD$186.2 補貼；12-19 歲小孩每兩周最高可獲 AUD$242.20 補貼	• 專門提供給單親家庭或只有單一收入來源的家庭，補貼金額會因應小朋友的數目、年齡及家庭收入而有所不同 • 申請條件如下： - 夫妻只有一方有收入，同時需照顧 13 歲以下的子女，或 - 申請人為單身母親 / 父親，同時需照顧 18 歲以下的子女 • 單親或照顧者家庭稅前收入 AUD$10 萬以下；或夫妻雙方或照顧者家庭主要收入（較高收入的一方）AUD$10 萬以下 • 0-5 歲小孩每兩周最高可獲 AUD$161.41 補貼；5-18 歲小孩每兩周最高可獲 AUD$112.56 補貼

* 以上的條款及補貼金額每年都有機會更改

托兒所補貼

澳洲政府會為在職家庭提供托兒所補貼（Child Care Subsidy），幫助減輕在職家庭的負擔。至於補貼額度，就要視乎申請人的收入以及小孩的數量而定。根據 2021 年度最新的財政預算案，澳洲打工仔可以獲取最多 95% 的補貼，而且在這次最新的財政預算下，補貼額更不設上限的，即是另外第二名子女，也可獲得 95% 的補貼。但同樣地，這些補貼是不適用於高薪一族。根據 2020 年度的條文 （2021 年仍未更新），補貼額度以及收入要求如下：

家庭收入低於 AUD$69,390	可獲取 85%＊的補貼
家庭收入 在 AUD$69,390 至 $174,390 之間	可獲取 50% 至 85% 的補貼
家庭收入 在 AUD$174,390 至 $253,680 之間	可獲取 50% 的補貼
家庭收入 在 AUD$253,680 至 $343,680 之間	可獲取 20% 的補貼
家庭收入超過 $353,680	不能獲取任何補貼

＊2021 年度最高補貼額將提升至 95%

中小學學費方面，澳洲永居、澳洲公民及新西蘭公民，入讀政府公立學校是免學費的。大學方面，本地學生可享受本地生學費，是海外學生學費的 1/3 至 1/4 。此外，本地大學生更可以 HELP （Higher Education Loan Program）計劃向政府以免息借貸，最高可拿到 AUD$15 萬的政府貸款。

5.2 醫療福利

澳洲永居、澳洲公民及新西蘭公民，以及持有指定簽證人士，包括 491
偏遠地區技術移民，以及持有過橋簽證（Bridging Visa）的人士，皆可
享用澳洲的全民醫療系統 Medicare。

澳洲政府會透過 Medicare 來補貼你看病的費用，你可以自由選擇不同
的診所／專科醫生，而補貼額多少，則按 Medicare Benefits Schedule
（MBS）而決定。在 MBS 的網站（www.mbsonline.gov.au）內，嚴格
規定每一項費用的上限，政府只會承擔指定的收費金額。如果看病的
項目不在這 Schedule 內，或者實際費用超出了 Schedule 內指定的的上
限，多出來的費用 （差價），會由你自己負擔，澳洲人稱之為 "Out
Of Your Pocket Fee"。如果看病的項目全是由政府負責，澳洲人稱之
為 "Bulk Billing"。要知道那些診所是 Bulk Billing，你可以在以下的網
站內查到：www.healthdirect.gov.au

一般來說，到診所看 GP General Practice（普通門診）都是不用付錢的，而在政府醫院分娩或做手術，亦不用付費或者只須付很少的費用。但如果需要看專科醫生（Specialist）的話，Medicare 只會補貼一部分費用。目前政府醫院專科醫生的指定項目補貼額是 85%，私家醫院補貼則是 75%。

目前澳洲絕大部分專科醫生的收費，都會超出 Medicare Benefits Schedule 內指定項目的價格。因此，澳洲政府還會提供 Medicare 以外的安全網 Safety Net，來減輕民眾的負擔。簡單來說，如果你的醫療支出超過一定的額度，你會得到額外的醫療補貼，由原本的 85% 補貼升級到 100% 補貼。但這指定的額度每年都會調整，而安全網還會細分為 Basic Safety Net 及 Extended Safety Net。Basic Safety Net 是開放給所有澳洲民眾，而 Extended Safety Net 只有部分合資格的家庭才能享用，包括已取退休金的老人家。

除 Medicare 外，澳洲政府的醫療補貼還包括 Pharmaceutical Benefits Scheme，簡稱 PBS。透過此計畫，政府確定了補貼處方藥的清單，與及不同的處方藥有不同的資助金額，病人只須支付自付費（Co-payment），就能以低廉價錢購買。按 2020 年的標準，每種藥物的自付費不超過 AUD$39.5，年老的患者自付費會更低。在以下網站，便可查到補貼處方藥的清單及補貼資料：www.pbs.gov.au

要注意，不是每一種藥物都能得到澳洲政府的補貼，而且自付費的標準每年都會調整。不過整體而言，澳洲政府的醫療系統及福利計畫，對於長期病患者及重病人士，的確能提供可靠的保障。

5.3 失業補助

全球經濟在疫情下元氣大傷，失業補助對暫時被迫離開職場的人士尤其重要。澳洲的失業補助金叫 Job Seeker，顧名思義最終目的是幫助受助者早日找到工作。申請人需要達到以下幾個要求：

- 滿足 Centrelink （近似香港的社會福利署）的 Residence Rules 居住要求，包括必須是澳洲永居或澳洲公民，入籍前的四年必須在澳洲合法居住，其中至少有 12 個月以永久居民的身份居住等
- 申請人的年齡必須在 22 歲以上
- 申請人正在失業

家庭收入方面，澳洲政府對不同年齡及家庭背景的申請人，會有不同的要求。例如單身或已婚、是否有未成年孩子需要照顧、申請人的年齡是否超過 60 歲等。因為比較複雜，不在這裡作詳細說明。簡單來說，申請人的家庭收入低於約每兩周 AUD $1,200 的話，會獲得部分的補貼。當收入超過此額度，就會逐漸減少至零。

對於資產方面的要求，亦會根據申請人的背景而有所不同。如申請人不得擁有投資房（自住外的房子），如申請人是已婚人士，其配偶亦不能擁有投資房。另外，申請人的資產亦不能多於 AUD$40 萬 （包括現金及股票）。

至於失業援助金額，要視乎申請人的背景及收入而定，每兩周大致可獲取 AUD$565 到 $850 的政府補貼，但必須證明自己有努力尋找工作，與及積極提升自己的工作技能。

第六章
澳洲生活日常

6.1 澳洲超市巡禮

超級市場是生活必需品供應的命脈，澳洲最大的兩家超市 Woolworths 及 Coles，在澳洲的地位相當於香港的百佳及惠康，他們的分店遍布澳洲全國所有大大小小的城市，連 3 線城市都能找到。兩家超市各自的分店數目大約是 1000 間，而 Coles 的分店會略少一些。除了實體店外，他們亦設有網上平台，客戶可以在網上購買貨品，然後超市會安排送貨。

這兩家超市的特色是分店多和貨品齊全，店內有疏菜、水果，也可以買到各種肉類，包括雞肉、牛肉和海鮮等。要注意澳洲超市買的全是凍肉，因澳洲人一般會一至兩星期才去買一次菜。因此他們習慣一次性購買一大堆冰凍食物存放在冰箱內。如想買鮮肉或鮮魚，只能到華人街市入貨。

牛奶是澳洲人的生活必須品，澳洲牛奶的價格比樽裝水還要便宜，2 公升的鮮牛奶才 AUD$2.4 ，絕對價廉物美。 雞蛋方面，會分為普通雞蛋和 free range （走地雞）雞蛋，後者的價錢會貴一點，不過普通人應吃不出分別。

亞洲食品方面，過去的選擇不算多，但隨著愈來愈多亞洲移民，超市便積極地引進更多的亞洲食品，包括出前一丁及維他檸檬茶。雖然在兩大超市內找到的亞洲食品種類不及亞洲人超市那麼多，但在價格上，由於大超市的入貨價比較便宜，價錢有壓倒性的優勢。不過並不是每家超市都有亞洲食品，這一類有賣亞洲食品的大超市，一般只能在華人較集中的區分才能找到，當中以悉尼和墨爾本會比較多。

這兩大超市都有各自的積分卡計劃，除了在超市購物能獲取積分以外，在其他指定商戶消費都能獲取積分，這與香港的惠康的 Yuu 及百佳的易賞錢卡相似。積分除了可以用來購物，在他們有合作的油站入油，也可獲一些優惠。

其實澳洲除了 Woolworths 及 Coles，另一家大超市是來自德國的超 Aldi，但 Aldi 的分店數目只有 Woolworths 的一半。不過有澳洲市民做了價格比較，一些基本食品如牛奶、凍肉及麵包，Aldi 的價錢比起 Woolworths 及 Coles 竟有壓倒性的優勢。原來 Aldi 的定位跟 Woolworths 及 Coles 不一樣，Aldi 的產品雖然比較便宜，但種類不是很齊全。Aldi 走的是類似特賣場的路線，主打價格戰。

雖然 Woolworths 及 Coles 在原價的情況下，會遭 Aldi 比下去，但這兩家超市的特色是定期會有特價活動，如果他們打折的話，價格便遠比 Aldi 便宜。而且 Woolworths 及 Coles 的折扣隨時可以低至 5 折，令人非常心動。

如果 Woolworths/Coles 不打折，在澳洲還有沒有地方可以掃平貨？答案就是 Costco。Costco 原價的產品，相等於兩大超市打折的價格。因此，在兩大超市不打折的時候，可以直接去 Costco 入貨。因為 Costco 在價格上的優勢，連不少的餐廳老闆，都直接去那裡進貨。

Costco 的缺點是全國只有 13 間分店，而且要支付 AUD $60 的年費。但對於 4 人家庭來說，這 AUD$60 很快可以回本。如果你家附近的 Costco 有加油站的話，那就想都不用想，直接申請一張 Costco 會員卡，Costco 加油站的油費，是常年都比外面的油站便宜，光是入油的優惠就很快可以把年費回本。

不過需要注意不是每家 Costco 都有加油站，而且 Costco 因為是量販店，貨品包裝都較大，以一個 2 人家庭來說，可能要較長時間「消化」，或者可考慮幾個朋友一同分享。

筆者的總結是，由於競爭的關係，澳洲超市定期都有打折活動，只要掌握好各大超市打折活動的節奏，堅持不打折不買的原則，你會省下不少錢。再加上你能善用 Costco 的話，你在食品及日常生活用品的開支，甚至可以比在香港更「慳家」。

6.2 澳洲平價 Outlet DFO
掃貨攻略

在澳洲生活，如果你懂得精打細算的話，生活成本其實沒有你想像中那麼高。除了生活用品，如果想略為奢侈一下追求品牌，澳洲的 DFO Direct Factory Outlet 是理想的掃貨地點。

相信香港人對 Factory Outlet 都一定認識。簡單來說就是云集各大品牌過時款式產品的特賣場。這種 DFO 分布於澳洲的主要城市，其中墨爾本就有 4 家。每個 DFO 的賣的品牌都會有點不一樣，例如筆者常去，位於墨爾本的東南一個叫 Moorabbin 區的 DFO，就沒有 NIKE 的產品。所以掃貨前一定要做定功課，免得掃貨變掃興。

不同的 DFO 都有不同的設計，以 Moorabbin 的 DFO 為例，它的設計是一個環形，好像古代的護城河圍繞著城。你隨便一個方向順著走，就能逛遍所有商店。購物中心只有地下一層，不用上電梯。

DFO 主要以服裝類 / 鞋 / 手袋產品為主，大家熟悉的品牌如 Adidas、Polo Ralph Lauren、 Tommy Hilfiger 及 Levis 等，都可以在這裡找到。不過 DFO 的服務與專門店有頗大的差異，所有都是自助形式，更沒有購物袋供應，而且可選擇的款式也較少。

說到價錢，究竟 DFO 出售的貨品是否比其他地方便宜？根據筆者的觀察，DFO 原價的貨品，沒有你想像中那麼便宜。部分所謂的原價，甚至會比外面的價錢高一些。所以如果貨品折扣不低於七折或以下，完全可以不理。DFO 一般會在每年 6 月份的 Financial Year Ended 以及聖誕節 Boxing Day，有比較大型的打折活動，這時也是知慳識儉的消費者出手的時機。

遇上打折高峰期，筆者對掃貨者有幾個建議。首先你必須要提早出門！根據筆者的經驗，你晚出門的話便會很難找到停車位，而且很多熱門特價產品都已經給別人搶光。此外，如果你專攻服裝，建議提早熟悉你想購買品牌的尺寸及款式。當你一進店內，就能用最短的時間搶購心頭好。

DFO 適合對價錢比較敏感，追求高性價比又對品牌有一定要求的朋友。只要你遵守不打折不買的基本原則，澳洲的衣服鞋物其實真的不貴，而且質量有保證，加上澳洲有退貨服務保障消費者。唯一要注意的，是在特價活動的時候，部分產品是不能退的，因此買之前必須試清楚自己的尺寸。

6.3 打理花園大作戰

在澳洲生活,除非你住 Apartment,不然的話絕大部分的房子都需要打理花園,特別是住在連地 House 的朋友,打理花園更是澳洲生活的一部分。就算是住 Townhouse, 也會有一個小花園需要打理。值得注意的是,你家門前的草皮也是歸你負責。如果長期不打理給鄰居投訴的話,有可能會收到 Council 的警告信。

正所謂工欲善其事,必先利其器。選購正確的打理花園的工具,絕對令你的工作事半功倍。筆者會把花園分為 Townhouse 的小型花園、 House 的中型花園以及超級大的花園。如果你家是屬於超級大花園,建議你聘請專業人士打理便算了。如果是打理 Townhouse 的小花園,Line Trimmer 手提式割草機便必不可缺。除了可以用來割草皮之外,還可以割一些普通割草機割不到的角位,很適合小型花園。

Line Trimmer 分為 3 類，第一類是連線的電動 Line Trimmer，它的優點是價格便宜，AUD $100 以內有交易，而且不容易壞，不需要保養，重量也是最輕。缺點是在使用上比較麻煩，因為連線，行動不方便，所以比較少澳洲人使用。

第二類是近年較流行的無線電動 Line Trimmer。相比起連線的 Line Trimmer，無線的在使上會方便很多，自由自在，不受任何限制。無線 Line Trimmer 的電池分為 18V 以及 36V，分別在於電池的續航力及功率。對於一般的小花園來說，18V 已經足夠。18V 的 Line Trimmer 不但比 36V 的便宜，18V 的電池還能跟其他的 DIY 工具如電鑽等共用，非常方便。建議選用 Makita 這品牌，不但質量可靠，同時有一系列 DIY 工具，可以共用電池。

無線 Line Trimmer。

無線 Line Trimmer 雖然方便，但價錢較貴（AUD$200-400），如果花園比較大，或好幾個月沒割草而草較長的話，一塊電池可能不夠用，這樣可考慮購買汽油 Line Trimmer。汽油 Line Trimmer 售價約 AUD$300，因以汽油驅動，無論續航力及功率都比電動 Line Trimmer 優勝，也是澳洲人最愛用的 Line Trimmer。不過汽油 Line Trimmer 最大的缺點是比較重，而且每隔幾年便要更換機油，比較麻煩。

汽油 Line Trimmer。

除了手提式割草機，市面上亦有手推型割草機，價格雖然很便宜，但效果很差，草只長得高一點便無法推動。

假如你要打理的是中型花園，比較推薦使用割草機 Lawn Mower，同樣分連線、無線及汽油 3 種類型。無線割草車的優點是重量輕、安靜和不需要保養，但缺點是價格高，動輒要幾百至過千澳元。至於汽油割草機，價格同樣由幾百到一千澳元左右，便宜的跟貴的型號主要的分別在於功率大小。大功率推起來當然更輕鬆，但對於一般的草皮來說，AUD\$400以內的型號，例如澳洲本地品牌 Victa 已經夠用。

分享完工具後，以下是懶人打理花園的方法。

澳洲花園的頭號敵人不是害虫，而是野草。為了杜絕野草叢生，澳洲人會在花園鋪設專門用來防止野草生長的綿網，然後再在上表鋪一些石頭，既美觀又方便。不過綿網一定要鋪兩層以上，好像筆者的花園鋪了三層綿網，野草仍能在裂縫中生長，生命力之強令人驚訝。無論綿網及石頭，在家具連鎖店 Bunnings 都有售。

如果花園經已野草叢生，除了用人手拔除，也可嘗試用除草劑。建議使用 Super Concentrate 的猛藥，Zero 及 Roundup 都是不錯的品牌。只要把除草劑稀釋，直接噴在野草上，野草便會自然死掉。部分生存力強的野草，你可能需要補噴多次，被藥所噴之處，很快便寸草不生。不過使用前最好先確認之後一兩天不會下雨，否則便前工盡廢。而且每年起碼要噴 2-3 次，才不會「春風吹又生」。

6.4 如何爭取水電費折扣優惠

澳洲的電費，在發達國家中算得上是數一數二的貴，甚至比香港還要貴。 而且澳洲的電煤收費是不統一的，每個州份、每個區，甚至每條街的收費都可能不一樣。澳洲有多達二十多家的電力供應商，他們有各自的定價，而且有各式各樣的折扣優惠計劃。 根據澳洲傳媒的報導，用戶之間在收費上的差距，可以高達 40%。 差距那麼大的主要原因，除了部分州份的電費特別貴之外 （比如南澳），也因為很多人根本看不懂電費的計算方法，因此亦不懂和電力公司討價還價。

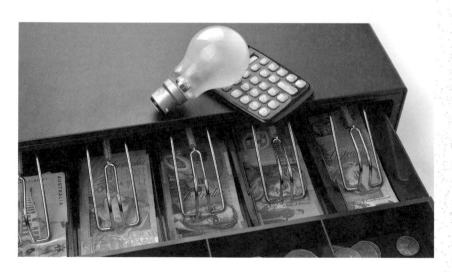

選擇合適的用電計劃

先看澳洲的電費和煤氣費。澳洲的電煤收費及折扣計算方法的確有點複雜，電力公司故意這樣做的，讓用戶無所適從，沒辦法有效地比較各電力供應商之間的收費。許多人不知道，原來電煤收費是可以討價還價的。而且更要定期跟電力公司講價，才能確保自己繳付的是最優惠的收費。

澳洲宜居

要討到好價，首先你必須要知道自己電費的計算方法。澳洲的電力收費主要分開 3 個部分，首先是 (01)Supply Charge 供電費，這是按天數來收取的固定費用。不管你用不用電，你都必須支付的費用。不同電力公司的供電費都可能不一樣，而且還要另加 10% 的 GST 銷售稅。

第二部分是 (02)Usage Charge 每度電的單價。某些電力公司會統一收費，但亦有些公司設定不同電費計劃，例如分為繁忙及非繁忙時段收費。繁忙時段的單價，會比非繁忙時段貴一些。至於該選擇那一種計劃比較划算，就要視乎每個家庭的作息時間。例如家庭以老年人為主，白天非繁忙時段用電比較多，選彈性收費較著數。如果家庭年輕人較多，集中晚上繁忙時段用電，當然選統一收費較著數。

最後部分就是 (03)On Time Payment Discount 按時支付賬單的折扣，顧名思義只適用於準時繳付賬單的用戶。要注意不同電力公司的折扣條款都可能不一樣，因此你在對比不同電費計劃時，不能只考慮折扣的大小。

Hearing impaired (TTY). Call 133 677 and quote 1300 664 358.

If you don't wish to receive marketing information about AGL products and services, visit agl.com.au/DoNotContact

The General Terms for Market Contracts have been updated with effect from 1 February 2019. For further information and to view the updated General Terms visit agl.com.au/terms

Moving? Visit agl.com.au/Move to arrange an electricity connection at your new premises.

Energy efficiency. For information about energy efficiency, visit www.victorianenergysaver.vic.gov.au or call 136 186.

How we've worked out your bill.

Previous balance and payments.			Total
Previous balance		$70.74
9 Jan 19 payment	**03.Discount**	$54.91cr
44% Pay on Time Discount from previous bill		$15.83cr
Balance brought forward			**$0.00**

New charges and credits.

Usage and supply charges	Units	Price	Amount
General Usage	73.474kWh	$0.29	$21.31
Supply charge	17 days	$1.09	$18.53
Price change - 1 Jan 19 to 14 Mar 19 (73 days) **02.Usage Charge**		
General Usage	363.852kWh	$0.285	$103.70
Supply charge	73 days	$1.079	$78.77
Other charges **01.Supply Charge**		
Master Credit Card Payment Fee			$0.23
Total charges		+	$222.54
Total new charges and credits		=	$222.54
Total GST		+	$22.25

舉一個例子， 假設 A 公司給的 On Time Payment Discount 是 40%，但這折扣只適用於 Usage Charge 每度電的單價上，Supply Charge 供電費卻沒有任何的折扣。反而 B 公司提供的折扣可能只有 30%，但這折扣是適用於 Usage Charge 及 Supply Charge 上，因此 B 公司的實際優惠其實是比 A 公司多。

另外，如果你的房子裝了太陽能板的話，情況會再更複雜一些。因為你需要對比不同電力供應商，提供的太陽能回購收費。你多出來的太陽能，會直接輸送到電力網絡上，電力公司會按照你所輸出的電力向你購買。一般來說，你賣給電力公司的電價，會比電力公司賣給你的電價低一半。如果你的太陽能板比較大的話，高回購的計劃可能會比較划算一些。

選擇合適的用煤氣計劃

至於煤氣費方面，基本上跟電費的計算方法差不多，同樣有分 Supply Charge 及 Usage Charge，但會按照不同使用量來收費。最初一段用量的收費會比較高一些，而之後的收費會比較便宜一些。因此在選擇計劃時，你要考慮自家使用的情況。例如你家經常煮飯煲湯的話，大用量的計劃可能會比較划算一些。

Usage and supply charges	Units	Price	Amount
General Usage	2800MJ	$0.0246	$68.88
General Usage next	2800MJ	$0.022	$61.60
General Usage next	108.19MJ	$0.0181	$1.96
Supply charge	56 days	$0.835	$46.76

與電力公司談判的技考

除了正確選用合宜的計劃，運用一些討價還價技考，便可以慳得更多。

筆者一般會把電煤合在一起，這樣在談判中會比較有利。賬單也要準時支付，這樣才能拿到更多折扣。求減價最簡單的方法，是借你鄰居或朋友的賬單，直接打電話去電力公司要求減價。但要注意的是，必須要是同一家電力公司及在同一個區，因為在澳洲不同的區域會由不同的電力公司負責；就算是同一家電力公司，在不同的區域收費標準都可能不一樣。

另一種方法，就是透過格價網站，對不同的電力供應商進行比較，找一個最合適你、最划算的計劃。維多利亞州及新南威爾士州的格價網包括：www.compare.energy.vic.gov.au 及 www.service.nsw.gov.au

有些時候，當你發現現時使用的電力公司有更優惠的電費計劃，當你打電話去申請時，他們卻會告訴你這計劃已經結束，並向你推銷另一個沒有那麼優惠的計劃。遇上此情況切勿上當，應該即時拒絕，再使用下一招。

雖然電力公司否決了你的心儀計劃，但你仍有反敗為勝的機會。首先可找另一家電力公司，選擇一個可能較次等但仍有著數的計劃，在確保沒有合同約束，以及沒有任何額外收費的情況下，先跟新的電力公司簽署。因為在維多利亞州，你有 10 天的 Cooling Off Period，在 10 天內，你隨時都可以取消合同的（其他州份也有類似的法規）。新的電力公司會跟你現有的電力公司聯絡，之後現有的電力公司便會打電話給你希望挽回生意，你便可乘機跟他們進行談判要求減價。如果現有的電力公司願意減價，那你當然是留下來。如果不願意的話，那就索性「轉會」罷了。

如何獲水費折扣

電煤費之後，可以談談水費。澳洲的水費賬單有分兩部分，首先是 Service Charges 及 Other Authorities Charges，這部分是固定收費，不管你有沒有用水都要支付。如果是租屋的話，這部分一般是由房東支付，租客只需要支付用水部分。有些舊的 Apartment 連獨立的水錶也沒有，在這種情況下，所有水費都是由房東來支付。

第二部分是 Usage Charge，會按照用量來分階段收費，頭一段會比較便宜一些，而後段會比較貴一些。基本上澳洲政府跟其他國家都一樣，希望你能節約用水。

那水費可以去討價還價嗎?可惜是不可以的,因為負責供水的是政府部門。但如果你能滿足以下條件的話,你可以跟供水部門申請豁免一部分的水費:

- 首先如果你家裡有老人,而老人家只需持有其中一張長者卡,包括 Concessions、Health 及 Age Pension Card 都有資格申請
- 另一個條件是老人家必須要跟房子有聯繫,例如擁有房子的業權。但沒有規定要擁有多少業權,甚至是 1% 也可以

因此,你可以在買樓時,安排 1% 的業權給你的父母,這樣你就可以向供水部門申請 Concessions 豁免一部分的水費。雖然不能全部減免,但每年少交幾百塊都已經很不錯。

6.5 澳洲買新車攻略

在澳洲生活，駕車是基本需要，因此汽車是必須品，懂得討價還價的話，會為你省下可觀的開支。 整體來說，澳洲的新車價格要比香港便宜，約 12 萬港元就可以買一台日本 / 韓國小車代步，而 SUV 的議價空間可以更大。懂得與車行討價還價，價格隨時可再下調 10-20%。

在買車之前，要先了解車價的兩個價錢概念：Drive Away Price 及 Recommended Retail Price RRP。Drive Away Price 車價除了汽車本身的售價，更包含所有政府費用，例如 Stamp Duty、GST 銷售稅、過戶費，亦包括一年牌費 Registration Fee，但不包括個人汽車保險。Recommended Retail Price RRP 只是車廠的建議銷售價，不包任何買車的使費。牌面上 RRP 一定比 Drive Away Price 低，所以某些無良車行便以 RRP 招徠顧客，客人簽約後便後悔莫及。

值得注意的是，當車價超過一定的門檻（thresholds），超出的部分，政府會收取 33% Luxury Car Tax，這可不是一個小數目。有關稅款會在超出車價的部分收取，而這門檻每年都會向上調，2021 年的門檻是 AUD$68,740（普通汽車） 及 AUD$77,565（省油汽車）。因此想省錢的話，就要盡量避開購買太豪華的汽車。

在澳洲買新車跟香港是很不一樣！在香港許多品牌都被單一代理車行壟斷，很難有議價空間。但在澳洲無論是 Car Dealership 的數目，或是汽車的款式，都要比香港多。例如同一座城市，便有多達數十家的豐田 Dealership。因為競爭激烈，消費者的議價空間也大增。

買新車的天時、地理及人和因素

在澳洲買新車，如果想拿到最大的折扣優惠，需要集合天時、地理及人和。所謂天時，指的是買車的時機。原來澳洲的車行，一般會在每年的 6 月以及 12 月份有比較大型的打折活動。特別是在 12 月份，車廠往往會向車行提供補貼去衝業積，讓車行提供更大的折扣吸引顧客。

另外，即將換款的車款，議價的空間亦會比較大。其實主流的車廠每隔幾年就會為汽車進行小改款，即是所謂的 facelift。小改款只不過是馬力增加幾匹、油耗減少 2% 之類，其他的引擎、底盤及安全性上都不會有大改動。如果不是追求時尚的駕駛者，便可把握時機買平車。

地利方面，就要找合適的車行 Dealership 去問價。但不是每一個車行都願意大幅度降價，你要耐性一家家都去試。這樣做的確是有點煩，但你想想只花一兩天，可能會省一、兩千澳元，其實都非常值得。在討價還價的過程，一般的做法是透過 Price Match，即利用各車行互相之間的競爭，把價格壓到最低。先找一兩家報價，順便去試一下水溫。大部分車廠都會為 Dealership 定一個業績指標，每個車廠都有各自不同的 Sales Bonus 制度。部分車行可能會比較進取一些，為了達標會降價促銷，特別是快換款，或是銷量欠佳的款式，議價空間便比較大。

另外，在澳洲有一種叫 In Stock Car，這些新車是車行向車廠預先訂購已經到貨的汽車。車行已經向車廠支付了錢，所以車行都希望盡快把汽車賣掉回本，因此議價空間也會較大。不過 In Stock Car 通常在顏色及款式選擇上會較少，為了省錢可能要犧牲心頭好。

人和方面，澳洲主流的車廠會分 Corporate Discount 及 Retail Discount，Corporate Discount 的折扣會比較大，但只提供給政府部門、大公司及租車公司。如果你或者你的家人是他們的員工，便可透過公司用 Corporate Discount 購買。又或者你是某些專業協會的會員，比如 CPA、HIA 的會員，部分車廠或會提供額外的優惠。如果可以的話，跟朋友或者同事約好一起去買車，多張單合在一起，跟車行談也會有比較大的優勢。

壓價談判的技巧

選定車行與車款，下一步便是和 Sales 討價還價。不管你買那一款，開始的時候先告訴 Sales 你已經看好車款，隨時可以下單，但一定要一個「靚價」。在談判的時候，千萬別急，但必須強調你隨時都可以下單，讓對方知道你目標鮮明。當收到車行 A 給你的報價後，例如是 AUD$3 萬，便去問車行 B 去可不可以更便宜。利用車行之間的競爭，為自己爭取最大的優惠。

可能有 Sales 會告訴你，他們車行的服務與別不同，千萬別相信這一套，其實在那裡買車，都能享有相同的原廠保養 Manufacturing Warranty，反正那家便宜那家買，你可以在 A 車行買車，然後在你家附近的 B 車行做 Service 。

另外要注意的是，在價格沒有談好之前，千萬千萬千萬不要簽任何文件，或者提供你的信用卡資料給車行。胡亂簽約就算日後可以取消，也會收取高昂的行政費。

如果價格實在降無可降，但你又鍾情該款汽車的話，可嘗試要求車行送免費的 Car Service。因為在保養期內，許多 Car Service 指定要在車行進行。而車行的收費，一般都比外面貴一些。就算拿不到全免，至少亦要打個 5 折，當幫補購車的開支。

最後提一提大家，通常一款車都有 Basic Model、中配、高配，甚至高貴豪華型等型號，選購最基本型號 Basic Model 其實是最划算，因為 Basic Model 跟頂配的發動機及變速箱基本上都是一樣的，這些都是汽車最貴的部分。但 Basic Model 跟頂配之間的價格，有時候卻可以相差很遠。

此外，盡量不要加額外的 Option 或者 Accessories，因這些都是車行謀利的主力，毛利率一般都在 30% 或以上。同樣的裝配，例如貼防紫外線的貼模，委託外面的車場無論收費和質素都比車行勝一籌。

另外，買新車時盡量不要貪圖車行提供的所謂低息或免息貸款。世界上是沒有免費午餐，這類貸款優惠都是來自車行的補貼，最後還是在訂價上把成本轉往消費者。

作為一個來自香港的精明消費者，筆者為自己定下了 3 不原則：
1. 從來不買原價的貨品
2. 不打折頭我就不買
3. 不買最新款的產品

只要堅守這三項原則，在澳洲無論買車或其他日用品，都能無往而不利。

6.6 如何把香港駕照 轉為澳洲駕照

在澳洲除了悉尼的公共交通比較方便,其他城市的公交服務都乏善可陳。自己會駕車的話,出行會方便得多。至於駕駛執照,你可以過來澳洲這邊考,或者直接使用你的香港駕照。但原來澳洲各州份對於持有香港牌 / 國際牌,都有不同的法規,不管你是新移民、留學生或遊客,都必須要注意。

先講悉尼(新南威爾士州),如果你是海外訪客的話,你可以直接使用香港的駕照,合法在當地駕車,但謹記以下兩點:
- 你必須持有臨時簽證
- 永久居留或澳洲公民,皆不可使用香港的駕照

如果你擁有 PR 永居權，而且打算長期留在悉尼居住的話，又或者你原本持有臨時簽證，後來你的永居簽證批了下來。在這情況下，你手上持有的香港駕照，只容許你在悉尼使用 3 個月。你必須在 3 個月內，申請悉尼的駕照。

但如果你是留學生、持工作假期或其他形式的臨時簽證，你可以使用你的香港駕照直到你離開澳洲，或者直至拿到永居權為上。但這只是悉尼的情況，不同州份的規則都有點不一樣。

另外，你的香港駕照必須是有效的駕照，任何過期的駕照都是違法的。而你的香港駕照亦從沒有在任何地方被取消過。最後，你的駕照必須是用英語。由於香港的駕照是中英對照的，所以完全不是問題。

所有持香港駕照的人士，若取得永居權／澳洲公民身份，並不需要重新考澳洲駕照。根據新南威爾士州的官方網站指示，持有香港駕照的人士，可以直接轉換成為悉尼駕照。但申請人的年齡必須超過 25 歲，而且必須持有香港駕照至少 1 年。以上規定亦適用於台灣新移民，但卻不適用於中國大陸的新移民。

在墨爾本（維多利亞州），情況跟悉尼有點不一樣。首先墨爾本的換證寬限期是 6 個月，比悉尼多 3 個月，但墨爾本沒有臨時簽證的豁免。因此，不論你持的是何種臨時簽證，只要打算在墨爾本居留超過 6 個月，就必須轉用墨爾本車牌。 如果你持有香港駕照，維州運輸處 VIC Roads 容許你直接轉換成維州的駕照，但你必須要超過 25 歲，以及持有香港駕照超過 1 年。不然的話，你仍然需要考試。

在維多利亞州，駕照會分為 Full Licence 及 P 牌。如果你持有香港駕照不超過 3 年，VIC Roads 只會發給你一個 P2 牌。只有換證者持有香港駕照超過 3 年，才能直接拿到 Full Licence。

P 駕照的意思是 Probationary Licence，分為 P1 及 P2。持牌者可以合法地在澳洲駕駛，但相比起 Full Licence 會多了一些限制，詳情在你取駕照時 VIC Roads 的工作人員會告訴你。以上換牌規定適用於香港及台灣的新移民，但不適用於中國大陸的新移民。

至於坎培拉、布里斯本（昆士蘭州）、珀斯（西澳）、阿德萊德（南澳）及塔斯曼尼亞，規定則與悉尼相同。

第七章
澳洲
宜居城市巡禮

澳洲宜居

7.1 澳洲一線大城市：
悉尼 Vs 墨爾本

墨爾本。

悉尼。

澳洲地大物博，剛來到澳洲你可能人生路不熟，因為澳洲很多的地方跟香港都不一樣，光是選擇在那個城市定居，就是一個大問題。對於很多不熟悉澳洲的朋友來說，真的很難作出抉擇。

澳洲城市分為四個類別，第一類是一線大城市，包括悉尼及墨爾本，這兩座澳洲最大的城市，人口要比澳洲其他城市多好幾倍，人口密度亦是最高。市內各方面的配套皆成熟，商業活動蓬勃，工作機會亦最多。

總人口與發展面積

悉尼目前的人口有約 510 萬，而墨爾本的人口緊隨其後有 490 萬，但墨爾本近年的人口增長速度要比悉尼快。因此很多專家估計，未來墨爾本人口會超越悉尼，成為澳洲人口最多的城市。其實兩個城市的人口相差不遠，但悉尼的人口密度，感覺上比墨爾本稠密。

悉尼的總面積（約 12,368 平方公里），雖然比墨爾本（9,990 平方公里）大一些，但悉尼在土地供應上，其實要比墨爾本少，原因是悉尼周邊都是山，而附近的國家公園亦比較多。因澳洲政府高度重視保護自然生態，因此限制了悉尼的土地供應和城市擴展。相反，墨爾本絕大部分的土地都是屬於平原，周邊的山脈以及國家公園都比悉尼少，所以在土地供應方面，實際上墨爾本要比悉尼多。

住屋、收入及開支

住屋方面，悉尼無論是租還是買，都要比墨爾本大約貴 2 至 3 成。在澳洲前 10 個最貴的住宅區之中，悉尼長時期佔了 9 個，悉尼人住 Apartment 的比例亦是澳洲全國最高的。

薪酬方面 ，悉尼打工仔的收入比墨爾本高。根據 Budgetdirect.com.au 提供的數據，悉尼打工仔稅後的平均月薪為 AUD$6,145，墨爾本的則是 AUD$5,028，相差約兩成。悉尼的工作機會亦比墨爾本多，特別是從事金融 / 銀行類的工作，因為悉尼是澳洲的金融中心，不少銀行、金融機構及保險公司的總部，都選擇設在悉尼。因此，如果你本身是從事金融類工作，或者你想找工資比較高的工作，悉尼可能更合適你。

物價方面，無論水電、食品、衣服、油費及購買汽車方面，兩個城市都差不多。但生活配套方面，例如公共交通服務、購物飲食娛樂選擇，悉尼由於發展得比較早，會比墨爾本略為優勝。

華人社區

悉尼的華人 / 亞洲人社區，比墨爾本發展得更成熟。其中幾個比較出名的社區，包括 Ashfield、Hurstville、Eastwood、Strathfield、Chatswood 及 Burwood ，在這幾個區內你經常會聽到人們在街上以廣東話、普通話或上海話交談。悉尼的亞洲人超市、菜市場（街市）及中菜館的選擇，亦比墨爾本的更多及更方便。因為墨爾本除華人 / 亞洲人數量較少外，分布亦比較分散。

至於香港人喜愛的茶樓及茶餐廳，無論是食物選擇及質素方面，悉尼都勝過墨爾本。而不論廣東菜或其他亞洲菜，悉尼都能「KO」墨爾本。如果你對吃方面有一定要求的話，悉尼可能是一個比較好的選擇。

交通網絡

悉尼的公共交通服務水平亦比墨爾本好，當然跟香港相比仍然有距離，但在澳洲已經屬於全國最高水平。悉尼的巴士及火車，班次頻密及準時程度為全國之冠，收費亦比墨爾本便宜。

但在駕車的體驗上，悉尼卻比其他澳洲城市差。悉尼的馬路是全澳洲公認最難駕駛的道路，原因是悉尼是澳洲最早建立的城市，馬路原先設計只供馬車行駛，沒有考慮日後有大量汽車使用，所以道路既狹窄又多急彎，道路的狀況比不上墨爾本。

不過悉尼最為人詬病的，一定是塞車問題。悉尼是全澳洲塞車最嚴重的城市，核心問題來自原先道路的設計，短期內難以解決。相反地，墨爾本及澳洲其他城市，在城市建立的時候因吸收了悉尼的經驗，在規劃時便考慮到將來的發展，因此馬路設計得較筆直及寬闊，駕車體驗遠勝悉尼。

天氣與城市環境

天氣方面，悉尼的天氣比墨爾本更容易預測，冬天的悉尼亦比墨爾本溫暖，但悉尼比墨爾本更潮濕及多雨。悉尼的下雨量雖然比墨爾本多，但晴天的數量也比墨爾本多。對於香港人來說，悉尼的氣候可能會比較合適一些。

墨爾本的天氣變化會比較大，時冷時熱，甚至同一天會出現四季氣候替換，例如早上下雨，突然會下冰雹，然後又會出太陽，日夜的溫差亦比較大。墨爾本的氣候比較乾燥，因為面向著南極洲，隨時會受到冷風吹襲，因此氣候亦較不穩定，冬天的時間比悉尼長。怕冷的朋友，建議你選擇悉尼。

值得一提，墨爾本一到春夏天，就會引起花粉過敏 Hay Fever。雖然説有藥物可以幫助，但發作的時候的確不好受。

至於城市氛圍方面，兩座城市各有自己的風格，悉尼予人的感覺比較像香港多一些，節奏較急促。悉尼的高樓大廈亦是澳洲全國最多，城市化比例最高，會有一種嘈雜又繁華的感覺。

墨爾本的感覺跟悉尼很不一樣，比較似歐洲的城市，有明顯的歐陸式風格。例如在墨爾本市內有許多歐洲風格的建築物，墨爾本人的節奏亦比較慢，生活較悠閒。

在城市環境方面，兩座城市亦各有所長。悉尼的海景會比墨爾本美麗一些，能給你一種悠閒舒適的感覺，有點似在地中海度假。墨爾本能帶給你一種歐式的內陸風格，市內的歐式及寬闊的道路，予人沉厚而穩重的感覺。根據國際評估機構的報告，在這兩座城市在環境方面上的分數亦是非常接近。

悉尼全年平均溫度

月份	1月	2月	3月	4月	5月	6月	7月	8月	9月	10月	11月	12月
平均高溫℃	25.9	25.8	24.7	22.4	19.4	16.9	16.3	17.8	20	22.1	23.6	25.2
平均低溫℃	18.7	18.8	17.6	14.7	11.5	9.3	8	9	11.1	13.6	15.6	17.5

墨爾本全年平均溫度

月份	1月	2月	3月	4月	5月	6月	7月	8月	9月	10月	11月	12月
平均高溫℃	25.9	25.8	23.9	20.3	16.7	14.1	13.5	15	17.2	19.7	22	24.2
平均低溫℃	14.3	14.6	13.2	10.8	8.6	6.9	6	6.7	8	9.5	11.2	12.9

教育及文娛康樂

教育方面，兩座城市可算各有千秋。無論是公立或私立學校，其數量和教育水平都稱得上不相伯仲。大學方面，悉尼比較出名的大學包括有 University of Sydney 及 The University of New South Wales；而墨爾本則有 The University of Melbourne 及 Monash University，但整體排名上，悉尼會比墨爾本的大學高一些。

大型活動方面，墨爾本則比悉尼優勝，因為每年都有不少國際性的大型體育活動，選在墨爾本舉辦，其中包括網球界的四大滿貫比賽之一澳洲網球公開賽，與及舉世觸目的一級方程式賽車。

7.2 澳洲二線城市

布里斯本。

坎培拉。

澳洲的二線城市包括位於昆士蘭州的布里斯本、西澳的珀斯、南澳的阿德萊德，以及首都的坎培拉。布里斯本對於移民的分數要求會比其他三座城市高一些，因為珀斯、阿德萊德以及坎培拉，被澳洲移民局列入為偏遠地區，因此對於移民的分數要求會比較低一些。

這幾座城市的人口會比悉尼和墨爾本都要少，由 50 萬到 250 萬不等，工作機會亦會較少。坎培拉的就業以政府工作為主，由於澳洲政府的總部及其他政府部門的總部都設在坎培拉，所以坎培拉的平均薪金是全澳洲最高，不過主要是被政府公職的薪酬拉高，其他工種則未必有如此水平。

珀斯的就業機會以礦產業及農業為主；阿德萊德以農業、旅遊及軍工業為主；布里斯本則以礦產業、農業和旅遊業為主。二線城市的步伐和節奏要比悉尼、墨爾本這些大城市都要慢，整體房價亦較便宜。

生活配套方面，這些城市都有大型的購物中心，各大超市和著名連鎖店，包括 Ikea 及 Costco 等，都能在城內找到。

這幾座城市也有各自的華人區，但在規模上當然比不上悉尼及墨爾本。布里斯本的華人區會比其他幾座城市大一些，如果按華人的生活機能為這幾個二線城市作排名，筆者認為首選是布里斯本，然後珀斯，阿德萊德，坎培拉排在最後。

華人區對於華人來說是不可或缺的，因為有不少華人的產品，特別是華人食材、中藥和中餐廳，都只能在華人區內找到。特別是不善於說英語的老人家，在華人區內會更容易找到能說中文的醫生。

但如果你的生活習慣是比較西化的話，那麼就不用刻意地考慮華人區，因為這幾座二線城市在生活機能上其實都是差不多的。

二線城市的整體配套，包括醫院和學校，在澳洲來說其實算相當不錯。幾個城市都有不錯的私校、公立學校及政府精英中學；當然在選擇上就肯定沒有悉尼及墨爾本那麼多。

天氣方面，布里斯本的天氣會比較熱及潮濕一些；而坎培拉地處澳洲的內陸，天氣是最冷的。至於珀斯和阿德萊德的天氣，就在兩者之間，氣候較為適中。

物價方面，坎培拉是二線城市中物價最高的。而且一到周未或長假期，在當地工作的政府人員都會離開坎培拉，回到各自的城市跟家人相聚，市內的人氣會比較差一些。

7.3 澳洲三線城市

Hobart

Gold Coast

Cairns

澳洲三線城市包括 Hobart、Newcastle、Wollongong、Gold Coast、Geelong、Darwin、Sunshine Coast、Rockhampton、Townsville 及 Cairns 等城市。這些城市的人口由 10 萬到 30 萬不等，工作機會相比起二線城市會更少，一般以當地的農業、旅遊業、教育及服務業為主，生活配套相比起二線城市要差一些。

在三線城市當中，Newcastle、Wollongong、Gold Coast 及 Geelong 在生活機能上算是比較好，市內不單有大型購物中心及華人超市，而且距離一、二線大城市不遠，周末或假期可以開車到大城市購物。因此，上述這四座城市在生活機能上，筆者認為可以媲美二線城市。但餘那幾座三線城市，市內就只有小型的購物中心，華人超市也比較少，距離一、二線大城市比較遠，因此在生活機能上，明顯地比二線城市要差。

三線城市由於人口更少，因此市內的規模亦較細。市中心大概只有幾條街至十幾條街不等，店舖的選擇少，營業時間亦較短。餐廳方面，選擇也不多，特別是中餐廳，水平不高而且選擇少，所以那裡的中餐廳反而是以服務澳洲本土客為主。

房價方面，三線城市的房價要比二線更便宜，但當然也要視乎你選擇的區域，例如 Newcastle 及 Geelong 也各自有豪宅區，當地的房價也要破 AUD$100 萬，但整體房價仍會比一、二線城市便宜很多。

三線城市由於人口不多，因此醫院和學校的選擇也會少一些。最重要是這些城市的工作機會比一、二線城市少，薪酬亦會低一些，別說是新移民，就連當地人想找工作也不容易。因此，除非你本身不用工作，或者你已被當地僱主聘用，不然的話在當地是很難找到工作的。至於在當地創業，由於受制於當地的人口不多和市場有限，要成功會倍加困難。但選擇三線城市的最大好處，是移民分數的要求會低一些。

7.4 澳洲四線城市

嚴格來說，澳洲的四線城市不能叫做城市，應該叫小鎮，大部分都是你未聽過的小鎮，其中包括 Ballarat、Warrnambool、Orange、Toowoomba 及 Wagga Wagga ，這些小鎮一般都是以澳洲土語命名，人口由幾萬到十萬不等，你不要指望在鎮內有什麼娛樂。配套方面，鎮內也是有超市及小商店的，因此購買生活必需品方面不會有問題。當地少有華人居住，所以華人雜貨店非常罕見。這些鎮有點像你我小時候看美國西部牛仔電影那種感覺。當地的學校選擇少，學校行小班制。小鎮經濟主要依靠農業，所以也可視這些小鎮是澳洲的農村。

這些小鎮生活節奏超慢，但當地的風土人情濃厚，而且居民一般都比較友善和純樸。當地工作機會很少，薪酬也屬全澳洲平均線以下的水平，因此當地有不少年輕人會去大城市找工作，留下老年人在鎮內生活，所以老年人口比較多。

這些小鎮對於移民分數的要求會比較低，只要有當地僱主聘用你，基本上能留下生活一直等到合資格獲永居權。

Ballarat

《澳洲宜居》

作者：Alex H
出版經理：馮家偉
執行編輯：Gary
美術設計：Windy
出版：經為文化出版有限公司
地址：觀塘開源道 55 號開聯工業中心 A 座 8 樓 25 室
電話：852-5116-9640
傳真：852-3020-9564
電子郵件：iglobe.book@gmail.com
網站：www.iglobe.hk

港澳發行：香港聯合書刊物流有限公司
電話：852-2150-2100

台灣地區發行：大風文創股份有限公司
電話：886-2-2218-0701

國際書號：978-988-75375-3-3
初版日期：2021 年 7 月
定價：港幣 138 元 台幣 499 元

iGLOBE PUBLISHING LTD.
Rm25, 8/F, Blk A, Hoi Luen Industrial Ctr., 55 Hoi Yuen Rd.,
Kwun Tong, KLN

免責聲明
本書資訊更新至 2021 年 6 月 1 日止。
本書之作者與出版社已盡最大努力，確保本書所有之內容無誤。在根據本書的
內容採取或避免採取任何行動之前，您必須獲得專業人士或專家的建議。
惟若本書內容之錯誤而導致任何損失，本書作者與出版社將不負上任何責任。